2014年海南省高等学校教育教学改革研究项目

（HNJG2014-83）的研究成果

新探索实训基础日语教程 （第一册）

总主编　耿铁珍

主　审　袁丽梅

主　编　程慧慧

副主编　王纾宁

　　　　陈春燕

编　者　周俊敏　张春丽

　　　　张　莹　张　方

哈尔滨工业大学出版社

内容简介

本书由语音部分和课文部分共2章构成,语音部分的主要内容为发音的基本要领,日语的语音、语调。课文部分又分为三部分,第一部分为重点语法和句型部分,第二部分为会话部分,第三部分为短文。每课课后有综合练习题。书中最后附有单词表,以及两套综合练习题。

本书适合高职高专学生使用,同时也适合自学、非日语专业第二外语学习者和专升本的学生使用。

图书在版编目(CIP)数据

新探索实训基础日语教程.第一册/耿铁珍,程慧慧主编.—哈尔滨:哈尔滨工业大学出版社,2016.7(2017.7重印)
ISBN 978-7-5603-6090-4

Ⅰ.①新… Ⅱ.①耿… ②程… Ⅲ.①日语-高等学校-教材 Ⅳ.①H36

中国版本图书馆CIP数据核字(2016)第147135号

策划编辑	甄淼淼
责任编辑	苗金英
出版发行	哈尔滨工业大学出版社
社　　址	哈尔滨市南岗区复华四道街10号 邮编150006
传　　真	0451-86414749
网　　址	http://hitpress.hit.edu.cn
印　　刷	黑龙江艺德印刷有限责任公司
开　　本	787mm×1092mm　1/16　印张14.75　字数301千字
版　　次	2016年7月第1版　2017年7月第2次印刷
书　　号	ISBN 978-7-5603-6090-4
定　　价	36.80元

(如因印装质量问题影响阅读,我社负责调换)

前　言

　　根据国家对高职高专教育人才培养的基本定位，在总结高职高专日语课程教学改革经验的基础上，经过两年广泛的社会调查和教学状况调查，并且基于对高职教育发展的前瞻性认识，我们集有多年实践教学经验，且一直承担高职日语教学工作的一线教师，根据高职学生的学习特点和社会发展的现实需求，结合国家大学日语新标准的制定方案，与高职日语教学相结合，编写了适合高职高专的《新探索实训基础日语教程》系列教材。本系列教材同时也适用于自学、非日语专业第二外语学习者和专升本的学生。

　　本系列教材共4册。第一册和第二册为基础日语。根据国际日语能力4级、3级的考试标准和要求编写。学生学完后可达到国际日语能力4级测试水平。第三册和第四册为高级日语，根据国际日语能力3级的考试标准和要求编写，同时在学生能理解的情况下，适当加一些2级常用的词汇与句型，目的是让学生学完后有自学能力，并为准备参加2级考试打下一定的基础。

　　本书为系列教材的第一册，由3部分构成。

　　1.重点语法与句型。目的是让学生和老师一目了然，了解本课所学内容，通过反复练习，举出大量实用例句，巩固所学的重点语法知识。每个重点句型都有地道的日语例句和翻译，使学生能掌握例句的应用，理解课文的全部内容。

　　2.会话。根据本课的语法知识和句型编写，内容都是日常生活中常用的寒暄语和简短会话。为了结合应用日语和商务日语的学习内容，在会话中也适当地加入了一些常用专业会话用词汇，目的是让学生加深印象，从基础开始融会贯通地掌握专业日语知识，提高日语综合应用能力。

　　3.短文。结合句型与会话的综合内容编写。在高职院校，由于学时有限，学生在高年级的写作课和阅读课都受到学时限制。为此，本书采用短文的形式，总结会话内容。同时也可以让学生从不同的角度、用不同的方法写出会话的内容，达到练习命题写作的目的，再通过阅读短文，提出问题，扩展思路，增强阅读理解的能力。

本书有以下特点：

1. 按照日语判断句、存在句、描写句、叙述句的顺序，以及与之相关的惯用型编写，系统而不死板，简单易记，生动活泼，高度总结和归纳了日语基础语法，便于学生学习、复习、自学，具有较强的独创性和实践性。

2. 在词汇解释与语法说明中，以通俗易懂、言简意赅的解释贯穿全书，每个解释都附有例句和翻译，便于理解，特别是对自学者帮助更大。短文中，为了语言连接的需要，时有语法和句型超前现象，在词汇解释与语法说明中予以详细说明。

3. 以"轻松学日语"的形式，图文并茂，激发学生对日语的学习兴趣，自觉增强记忆单词的能力。

4. 以"知识窗"的形式，介绍日本文化、日本料理、日本和服等日本知识以及日本的风俗习惯，使学生在学习日语的同时，了解日本文化，加强对日语语言背后的深层理解。

5. 以各种练习方式，让学生加强对所学内容的记忆与理解，更好地掌握所学课程的主要内容和重点语法。

6. 综合练习题中附有按照国际日语能力测试标准而编写的3~4级的考试试题，便于学生检查自己是否能够达到综合能力标准。

本书由耿铁珍教授任总主编，负责编写1~10课会话与短文初稿。本书由程慧慧任主编，负责编写1~10课的重点句型，整理改编会话与短文部分，以及全书的排版及整理修改工作；陈春燕编写1~10课语法说明与解释部分；王纾宁编写1~10课综合练习部分；周俊敏编写1~5课语音部分；张春丽负责例句和说明中例句的翻译及单词的整理工作；张莹负责知识窗的编写和图片的收集、整理工作；张方负责目录、单词索引等附属部分的制作。最后由袁丽梅主审，总主编定稿。

本书在编写过程中，得到了海南外国语职业学院东语系领导和日本外教的大力支持，在此一并深表谢意。

由于时间紧促，编者的水平有限，书中难免有疏漏之处，恳请各位专家、同仁以及广大读者批评指正。

编　者
2017年3月

目　录

第一章　语音 …………………………………………………………… 1

第 1 课　清音（1）………………………………………………… 1

第 2 课　清音（2）………………………………………………… 11

第 3 课　清音（3）………………………………………………… 19

第 4 课　浊音 ……………………………………………………… 31

第 5 课　促音、拗音、拗长音 …………………………………… 47

第二章　基础课文 ……………………………………………………… 57

第 1 课　私は新入生です………………………………………… 57

第 2 课　私は日本語学科の学生です…………………………… 71

第 3 课　これは私の本です……………………………………… 81

第 4 课　昨日は私の誕生日でした……………………………… 99

第 5 课　キャンパスに花と木があります……………………… 113

第 6 课　今日は暑いです………………………………………… 131

第 7 课　何が好きですか………………………………………… 145

第 8 课　有名な観光地になりました…………………………… 161

第 9 课　どちらが好きですか…………………………………… 173

第 10 课　飲み物は何かありますか……………………………… 187

单词表 …………………………………………………………………… 199

综合练习（一）………………………………………………………… 219

综合练习（二）………………………………………………………… 223

本书语法索引 …………………………………………………………… 227

第一章　语　音

第1课　清音（1）

1. 五十音图

日语字母叫假名，每个假名都有两种写法，一种叫平假名，另一种叫片假名。平假名是由中国汉字草书发展而成的，片假名是由中国汉字楷书的部首演变而成的。日语书写时大多用汉字、平假名和片假名。片假名一般用来书写外来语和外国的地名、人名等。

日语假名发音时按照罗马字标音拼读而成。罗马字就是假名的读音，一般应用于计算机打字或商标等。日语假名中有5个元音，分别是「あ」「い」「う」「え」「お」，其他假名的发音都是由5个元音加辅音拼读而成的。语音又分为：清音、浊音、半浊音、长音、促音和拗音。

假名中最基础的是50个清音，称为"五十音图"。即把50个日语假名排成行，每行5个，共10行。5个一行的称为行，每行都以第一个字母命名；10个一列的称为段，每段也以其第一个字母命名。五十音图中有假名重复现象，实际上只有46个假名，即45个清音和1个拨音。习惯上拨音也列入五十音图里。五十音图是日语语音的基础，是整个日语学习的根基，因此学习日语必须要背诵五十音图，熟记各行各段的假名。

（1）五十音图（平假名）

	あ段	い段	う段	え段	お段
あ行	あ a	い i	う u	え e	お o
か行	か ka	き ki	く ku	け ke	こ ko
さ行	さ sa	し shi	す su	せ se	そ so
た行	た ta	ち chi	つ tsu	て te	と to
な行	な na	に ni	ぬ nu	ね ne	の no
は行	は ha	ひ hi	ふ fu	へ he	ほ ho
ま行	ま ma	み mi	む mu	め me	も mo
や行	や ya	（い i）	ゆ yu	（え e）	よ yo
ら行	ら ra	り ri	る ru	れ re	ろ ro
わ行	わ wa	（い i）	（う u）	（え e）	を wo
					ん n

（2）五十音图（片假名）

	ア段	イ段	ウ段	エ段	オ段
ア行	ア a	イ i	ウ u	エ e	オ o
カ行	カ ka	キ ki	ク ku	ケ ke	コ ko
サ行	サ sa	シ shi	ス su	セ se	ソ so
タ行	タ ta	チ chi	ツ tsu	テ te	ト to
ナ行	ナ na	ニ ni	ヌ nu	ネ ne	ノ no
ハ行	ハ ha	ヒ hi	フ fu	ヘ he	ホ ho
マ行	マ ma	ミ mi	ム mu	メ me	モ mo
ヤ行	ヤ ya	(イ i)	ユ yu	(エ e)	ヨ yo
ラ行	ラ ra	リ ri	ル ru	レ re	ロ ro
ワ行	ワ wa	(イ i)	(ウ u)	(エ e)	ヲ wo
					ン n

2. 假名

（1）平假名（由汉字的草书演变而来）

あ←安	い←以	う←宇	え←衣	お←於
か←加	き←幾	く←久	け←計	こ←己
さ←佐	し←之	す←寸	せ←世	そ←曽（曾）
た←太	ち←知	つ←川	て←天	と←止
な←奈	に←仁	ぬ←奴	ね←祢（禰）	の←乃
は←波	ひ←比	ふ←不	へ←部	ほ←保
ま←末	み←美	む←武	め←女	も←毛
や←也		ゆ←由		よ←与
ら←良	り←利	る←留	れ←礼（禮）	ろ←呂
わ←和				を←遠
				ん←无

(2) 片假名（由汉字的偏旁部首或一部分演变而来）

ア←阿	イ←伊	ウ←宇	エ←江	オ←於
カ←加	キ←幾	ク←久	ケ←介	コ←己
サ←散	シ←之	ス←須	セ←世	ソ←曽（曾）
タ←多	チ←千	ツ←川、州	テ←天	ト←止
ナ←奈	ニ←二	ヌ←奴	ネ←祢（禰）	ノ←乃
ハ←八	ヒ←比	フ←不	ヘ←部、辺	ホ←保
マ←末、万	ミ←三	ム←牟	メ←女	モ←毛
ヤ←也		ユ←由		ヨ←與（与）
ラ←良	リ←利	ル←流	レ←礼	ロ←呂
ワ←和				ヲ←乎
				ン←尔

3.「あ行」元音

平假名	あ	い	う	え	お
片假名	ア	イ	ウ	エ	オ
罗马字	a	i	u	e	o

（1）发音要领

「あ行」是单元音，发音时，注意保持口型和舌位的稳定。

◇「あ」：开口度比汉语的"啊"略小，双唇自然张开，舌面放平，舌尖位于下齿后面，振动声带，声音洪亮。

◇「い」：比发汉语的"衣"时双唇略松，嘴微开，舌面鼓起，接近硬口盖。振动声带，声音较尖。

◇「う」：和汉语的"乌"音相似，但双唇不要那样向前突出。舌面较平，振动声带，声音微弱。

◇「え」：双唇稍向左右咧开，口型和舌尖处于「あ」和「い」之间。舌面鼓起，舌根用力，振动声带。

✧ 「お」：双唇稍微放圆，口型大小处于「あ」和「う」之间。舌面较平，振动声带，声音浑圆。

（2）「あ行」发音练习

   あえう いえあ あおう うおあ あえいう えおあお あいうえお

（3）笔画

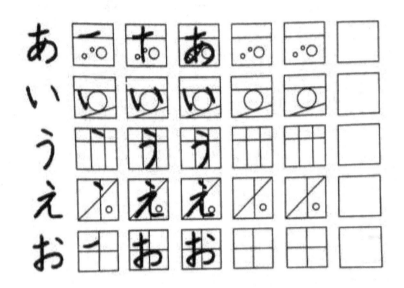

（4）看图记单词

  あう（会う）

  うお（魚）

いえ（家）

あい（愛）

うえ（上）

いう（言う）

（5）书写练习

平假名	あ		う		お
片假名		イ		エ	
罗马字					

（6）单词例

 あう ①   [会う] （au）   见面
 うお ⓪   [魚] （uo）   鱼
 いえ ②   [家] （ie）   家
 あい ①   [愛] （ai）   爱
 うえ ②   [上] （ue）   上，上面

| いう ② | [言う] （iu） | 说，讲 |

4.「か行」清音

平假名	か	き	く	け	こ
片假名	カ	キ	ク	ケ	コ
罗马字	ka	ki	ku	ke	ko

（1）发音要领

　　「か行」5个假名是由辅音「k」分别与「あ行」元音「あ」「い」「う」「え」「お」相拼而成的。发辅音「k」时，后舌面鼓起，与在它上面的软腭接触，把气流挡住，然后放开让气流冲出来。将「k」与五个元音拼读，就是「か、き、く、け、こ」。

（2）「か行」发音练习

　　かけく　きけか　かこく　くこか　かけきく　けこかこ　かきくけこ

（3）笔画

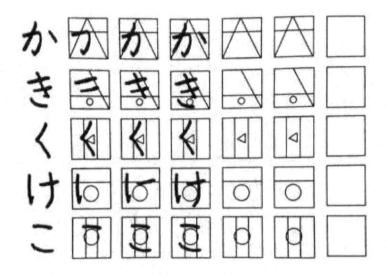

（4）看图记单词

かう（買う）

えき（駅）

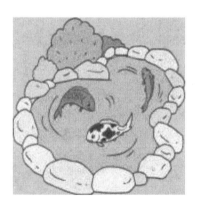

いけ（池）

きく（菊）

かお（顔）

こえ（声）

（5）书写练习

平假名		き		け	
片假名	カ		ク		コ
罗马字					

（6）单词例

かう ⓪　　　　　［買う］　（ka u）　　　买
えき ①　　　　　［駅］　　（e ki）　　　车站
いけ ②　　　　　［池］　　（i ke）　　　池塘
きく ②　　　　　［菊］　　（ki ku）　　　菊花
かお ⓪　　　　　［顔］　　（ka o）　　　脸蛋
こえ ①　　　　　［声］　　（ko e）　　　声音

5.「さ行」

平假名	さ	し	す	せ	そ
片假名	サ	シ	ス	セ	ソ
罗马字	sa	shi	su	se	so

(1) 发音要领

　　「さ行」的5个假名是由辅音「s」分别与「あ行」元音「あ」「い」「う」「え」「お」相拼而成的。发辅音「s」时，舌前部接近上齿龈，留出一个小小的空隙，气流沿着空隙摩擦而出，不振动声带。「s」的发音与汉语拼音的"s"基本相同。假名「し」发音同汉语拼音"xi"相同。假名「す」发音介于"si"和"su"之间。

(2)「さ行」发音练习

　　させす　しせさ　さそす　すそさ　させしす　せそさそ　さしすせそ

(3) 笔画

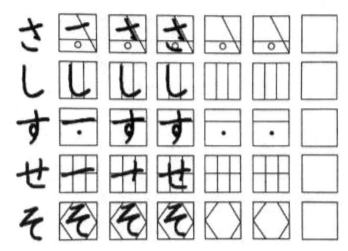

(4) 看图记单词

かさ（傘）

すし（寿司）

すいか

せかい（世界）

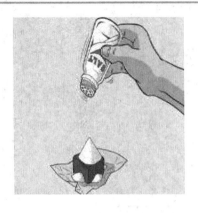
しお（塩）

さけ（酒）

(5) 书写练习

平假名		し		せ	
片假名	サ		ス		ソ
罗马字					

(6) 单词例

  かさ ①   [傘] （ka sa）   雨伞

  すし ①   [寿司] （su si）   寿司

  すいか ⓪ [スイカ] （su i ka） 西瓜

  せかい ①② [世界] （se ka i） 世界

  しお ②   [塩]   （si o）   盐

  さけ ⓪   [酒]   （sa ke）   酒

（7）日常寒暄用语

  ❖ おはようございます。／早上好！

  ❖ こんにちは。／你好！

  ❖ さようなら。／再见！

  ❖ こんばんは。／晚上好！

第2课 清音(2)

1.「た行」

平假名	た	ち	つ	て	と
片假名	タ	チ	ツ	テ	ト
罗马字	ta	chi	tsu	te	to

(1) 发音要领

　　「た行」5个假名中「た」「て」「と」,是由辅音「t」分别与「あ行」元音「あ」「え」「お」相拼而成的。发辅音「t」时,舌尖抵住上齿龈,然后很快放开让气流冲出,不振动声带 。而假名「ち」发音同汉语拼音"qi"相同。假名「つ」发音介于"ci"和"cu"之间。

(2) た行发音练习

　　たてつ　ちてた　たとつ　つとた　たてちつ　てとた　たちつてと

(3) 笔画

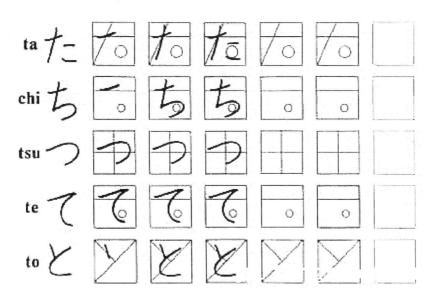

（4）看图记单词

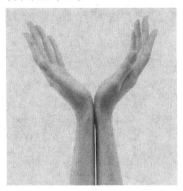

て（手）

つき（月）

つくえ（机）

テキスト

たかい（高い）

あつい（暑い）

(5) 书写练习

平假名	た		つ		と
片假名		チ		テ	
罗马字					

(6) 单词例

　　て ①　　　　　　　　［手］　　（te）　　　　　　手
　　つき ②　　　　　　　［月］　　（tu ki）　　　　月亮
　　つくえ ⓪　　　　　　［机］　　（tu ku e）　　　桌子
　　テキスト ②　　　　　［text］　（te ki su to）　教科书
　　たかい ②　　　　　　［高い］　（ta ka i）　　　高，贵
　　あつい ②　　　　　　［暑い］　（a tu i）　　　　热

2.「な行」

平假名	な	に	ぬ	ね	の
片假名	ナ	ニ	ヌ	ネ	ノ
罗马字	na	ni	nu	ne	no

(1) 发音要领

　　「な行」5个假名「な」「に」「ぬ」「ね」「の」是由辅音「n」分别与「あ行」元音「あ」「い」「う」「え」「お」相拼而成的。发辅音「n」时，舌尖抵住上齿龈形成阻塞，让气流从鼻腔出来，振动声带。「n」的发音与汉语拼音的"n"基本相同。

(2)「な行」发音练习

　　なねぬ　　にねな　　なのね　　ぬのな　　なねにぬ　　ねのなの　　なにぬねの

（3）笔画

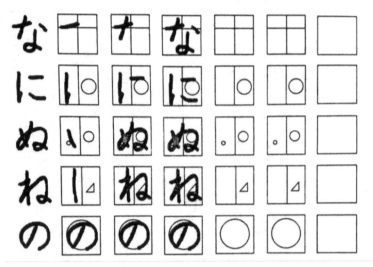

（4）看图记单词

いぬ（犬）

ねこ（猫）

さかな（魚）

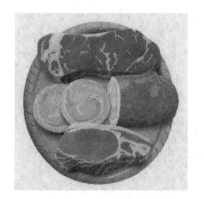
にく（肉）

なつ（夏）　　　　　　　　　　　　あに（兄）

（5）书写练习

平假名		に		ね	
片假名	ナ		ヌ		ノ
罗马字					

（6）单词例

いぬ ②	[犬]（i nu）	狗
ねこ ①	[猫]（ne ko）	猫
さかな ⓪	[魚]（sa ka na）	鱼
にく ②	[肉]（ni ku）	肉
なつ ②	[夏]（na tu）	夏天
あに ①	[兄]（a ni）	哥哥

3.「は行」

平假名	は	ひ	ふ	へ	ほ
片假名	ハ	ヒ	フ	ヘ	ホ
罗马字	ha	hi	fu	he	ho

（1）发音要领

「は行」假名「は」「ひ」「へ」「ほ」是由辅音「h」分别与「あ行」元音「あ」「い」「え」「お」相拼而成的。发辅音「h」时，嘴巴轻松张开，舌头轻松，让气流从声门摩擦

而出，不振动声带，气流摩擦也不强烈。假名「ふ」则是由辅音「f」与元音「う」相拼而成的。发「ふ」时不咬嘴唇，先做出「う」的口型，呼出气流摩擦嘴唇而出，再发「fu」。

（2）「は行」发音练习

　　　はへふ　　ひへは　　はほふ　　ふほは　　はへひふ　　へほはほ　　はひふへほ

（3）笔画

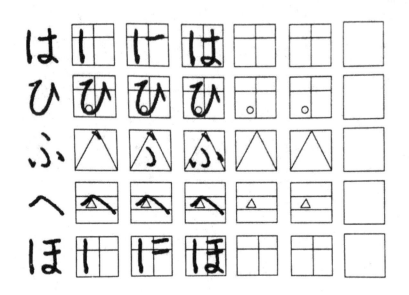

（4）看图记单词

　　　はな（花）

　　　ほし（星）

ふね (船)

さいふ (財布)

はは (母)

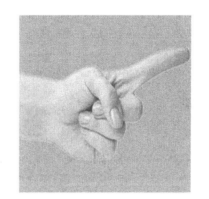

ひとつ (一个)

（5）书写练习

平假名	は		ふ		ほ
片假名		ヒ		ヘ	
罗马字					

（6）单词例

  はな ②   [花] (ha na)   花

  ほし ⓪   [星] (ho si)   星星

  ふね ①   [舟] (fu ne)   船

  さいふ ⓪   [財布] (sa i fu)   钱包

  はは ①   [母] (ha ha)   母亲

  ひとつ ②   [一つ] (hi to tu)   一个

（7）日常寒暄用语

- おやすみなさい。／晚安！
- はじめまして。どうぞよろしくおねがいします。／初次见面，请多关照。
- すみません。／对不起。
- ありがとうございます。／谢谢！
- いいえ、どういたしまして。／不用谢。

第3课 清音（3）

1.「ま行」

平假名	ま	み	む	め	も
片假名	マ	ミ	ム	メ	モ
罗马字	ma	mi	mu	me	mo

（1）发音要领

「ま行」假名是由辅音「m」分别与「あ行」元音「あ」「い」「う」「え」「お」相拼而成的。发辅音「m」时，上下唇闭合，让气流从鼻腔出来。「m」的发音与汉语拼音的"m"基本相同。将「m」与5个元音拼读，就是「ま」「み」「む」「め」「も」。

（2）「ま行」发音练习

　　　まめむ　　みめま　　まもむ　　むもま　　まめみむ　　めもまも　　まみむめも

（3）笔画

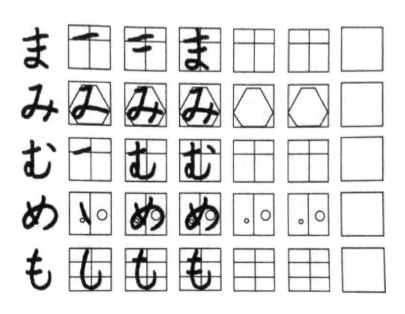

（4）看图记单词

まめ（豆）

むし（虫）

さしみ（刺身）

くも（雲）

さむい（寒い）

にもつ（荷物）

(5) 书写练习

平假名	ま		む		も
片假名		ミ		メ	
罗马字					

(6) 单词例

　　まめ ②　　　　　　［豆］　　（ma me）　　　　　豆
　　むし ⓪　　　　　　［虫］　　（mu shi）　　　　　虫子
　　さしみ ⓪　　　　　［刺身］　（sa shi mi）　　　　生鱼片
　　くも ①　　　　　　［雲］　　（ku mo）　　　　　云彩
　　さむい ②　　　　　［寒い］　（sa mu i）　　　　　寒冷
　　にもつ ①　　　　　［荷物］　（ni mo tsu）　　　　行李

2.「や行」

平假名	や	（い）	ゆ	（え）	よ
片假名	ヤ	（イ）	ユ	（エ）	ヨ
罗马字	ya	(i)	yu	(e)	yo

(1) 发音要领

　　「や行」只有「や」「ゆ」「よ」3个假名，是由半元音「y」分别与元音「あ」「う」「お」相拼而成的。发「y」时，嘴型和元音「い」相似，就是让中间舌面和其正上方的硬口盖接近而发出声音。「y」的发音与汉语拼音的"ya"的"y"基本相同。将「y」与「あ」「う」「お」拼读，就是「や」「ゆ」「よ」。

(2)「や行」发音练习

　　やえゆ　　ゆえや　　やよゆ　　ゆよや　　やえいゆ　　えよやよ　　やいゆえよ

（3）笔画

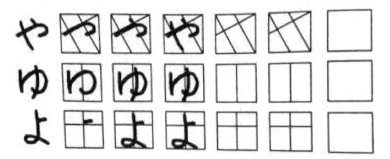

（4）看图记单词

やま（山）　　　　　　　ゆき（雪）

よむ（読む）　　　　　　ゆめ（夢）

第一章 第3课

やおや（八百屋）　　　　　　　　　　へや（部屋）

（5）书写练习

平假名	や		よ
片假名		ユ	
罗马字			

（6）单词例

やま ②	[山]	（ya ma）	山
ゆき ②	[雪]	（yu ki）	雪
よむ ①	[読む]	（yo mu）	读，阅读
ゆめ ②	[夢]	（yu me）	梦想
やおや ⓪	[八百屋]	（ya o ya）	蔬菜、水果商店
へや ②	[部屋]	（he ya）	房间

3.「ら行」

平假名	ら	り	る	れ	ろ
片假名	ラ	リ	ル	レ	ロ
罗马字	ra	ri	ru	re	ro

（1）发音要领

「ら行」假名，是由辅音「r」分别与元音「あ」「い」「う」「え」「お」相拼而成的。发「r」时，舌尖轻轻抵住上颚靠近上齿龈处，呼出气流时舌尖向外轻弹，发出声音。将「r」与「あ」「い」「う」「え」「お」拼读，就是「ら」「り」「る」「れ」「ろ」。

（2）「ら行」发音练习

られる　りれら　やろる　ろるや　られりる　れろらろ　らりるれろ

（3）笔画

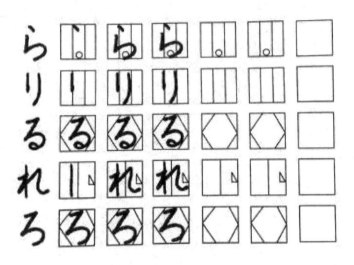

（4）看图记单词

さくら（桜）　　　　　　とり（鳥）

すみれ

ホテル

そら（空）

はる（春）

（5）书写练习

平假名	ら		る		ろ
片假名		リ		れ	
罗马字					

（6）单词例

さくら ⓪　　　［桜］　　（sa ku ra）　　　櫻花
とり ⓪　　　　［鳥］　　（to ri）　　　　　鸟
すみれ ⓪　　　　　　　（su mi re）　　　紫罗兰
ホテル ①　　　［hotel］（ho te ru）　　　酒店
そら ①　　　　［空］　　（so ra）　　　　天空
はる ①　　　　［春］　　（ha ru）　　　　春天

4.「わ行」

平假名	わ	（い）	う	（え）	を
片假名	ワ	（イ）	ウ	（エ）	ヲ
罗马字	wa	（i）	u	（e）	wo

（1）发音要领

「わ行」只有「わ」「を」两个假名。「わ」是由半元音「w」与元音「あ」相拼而成的。发「w」时，嘴型和元音「う」相似，就是让上下两唇稍稍合拢，舌面鼓起，气流轻微摩擦双唇而出。而「を」的发音与元音「お」相同。

（2）「わ行」发音练习

　　　　わえう　いえわ　わをう　をうわ　わえいう　えをわを　わいうえを

（3）笔画

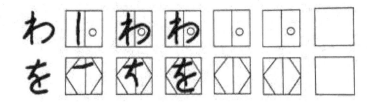

（4）看图记单词

にわ（庭）

いわ（岩）

かわ（川）

よわい（弱い）

わかい（若い）

わに（鰐）

（5）书写练习

平假名	わ	を
片假名		
罗马字		

（6）单词例

  にわ ⓪   [庭] （ni wa）   庭院
  いわ ②   [岩] （i wa）   岩石
  かわ ②   [川] （ka wa）   河川
  よわい ②   [弱い] （yo wa i）   弱，软弱
  わかい ②   [若い] （wa ka i）   年轻
  わに ①   [鰐] （wa ni）   鳄鱼

5. 拨音ん

平假名	ん
片假名	ン
罗马字	n

（1）发音要领

　　拨音「ん」只出现在词尾或句尾。它的发音受到后面的音节的影响，与汉语的"m" "n"和 "ng"相当。但对于日本人来说，它们是同一个音，听起来没有什么区别。

（2）发音练习

　　あん　かん　さん　たん　しん　ひん　えん　へん　めん
　　なん　はん　らん　いん　ちん　みん　けん　ねん　わん
　　まん　やん　わん　きん　にん　りん　せん　てん　ろん
　　れん　おん　こん　そん　とん　のん　ほん　もん　よん
　　うん　すん　くん

（3）笔画

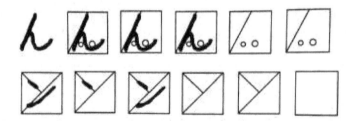

（4）看图记单词

おんせん（温泉）

しんかんせん（新幹線）

しんねん（新年）

ハンカチ

きんにく（筋肉）

えきいん（駅員）

（5）书写练习

平假名		おんせん		しんねん		しんかんせん
片假名	ン		ハンカチ		キンニク	
罗马字						

（6）单词例

 おんせん ⓪   ［温泉］   (on sen)   温泉

 しんかんせん ③ ［新幹線］ (sin kan sen) 新干线

 しんねん ①   ［新年］   (sin nen) 新年

 ハンカチ ③ ［handkerchief］ (han ka chi) 手绢

 きんにく ①   ［筋肉］   (kin ni ku) 肌肉

 えきいん ②   ［駅員］   (e ki in)   车站工作人员

(7) 日常寒暄用语

♦ いただきます。／那我就不客气了。（我开吃了。）

♦ ごちそうさまでした。／吃好了。

♦ ただいま。／我回来了。

♦ お帰りなさい。／欢迎回来。

♦ 行ってきます。／我走了，我出门了。

♦ 行ってらっしゃい。／你走好。

第4课 浊音

日语的浊音是由清音「か」「さ」「た」「は」4行派生出来的。清音发音时声带不振动,浊音发音时声带振动。浊音共有20个,实际上不同的发音只有18个。浊音的书写方法是在清音假名的右上角添上两点。

1. 浊音表

が行	が ガ ga	ぎ ギ gi	ぐ グ gu	げ ゲ ge	ご ゴ go
ざ行	ざ ザ za	じ ジ zi	ず ズ zu	ぜ ゼ ze	ぞ ゾ zo
だ行	だ ダ da	ぢ ヂ di	づ ヅ du	で デ de	ど ド do
ば行	ば バ ba	び ビ bi	ぶ ブ bu	べ ベ be	ぼ ボ bo

2.「が行」

平假名	が	ぎ	ぐ	げ	ご
片假名	ガ	ギ	グ	ゲ	ゴ
罗马字	ga	gi	gu	ge	go

(1) 发音要领

浊音「が行」5个假名是由辅音「g」与「あ行」元音「あ」「い」「う」「え」「お」相拼而成的。发辅音「g」时,嘴型和「k」一样,不同的是要振动声带。将「g」与5个元音拼读,就是「が」「ぎ」「ぐ」「げ」「ご」。「が行」假名位于词中或词尾时有鼻浊音现象,发音时用后舌顶住软腭,让气流从鼻腔流出。

(2)「が行」发音练习

　　がげぐ　ぎげが　がごぐ　ぐごが　がげぎぐ　げごがご　がぎぐげご

（3）看图记单词

まんが（漫画）

ゴルフ

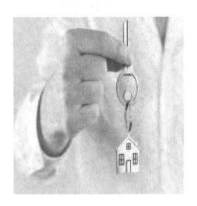
かぎ（鍵）

たまご（卵）

てがみ（手紙）

ごご（午後）

(4) 书写练习

平假名	が		ぐ		ご
片假名		ギ		ゲ	
罗马字					

(5) 单词例

    まんが ⓪　　　　　　[漫画]　（man ga）　　　　漫画
    ゴルフ ①　　　　　　[golf]　（go ru fu）　　　高尔夫
    かぎ ②　　　　　　　[鍵]　（ka gi）　　　　　钥匙
    たまご ②　　　　　　[卵]　（ta ma go）　　　鸡蛋
    てがみ ⓪　　　　　　[手紙]　（te ga mi）　　　信
    ごご ①　　　　　　　[午後]　（go go）　　　　下午

3.「ざ行」

平假名	ざ	じ	ず	ぜ	ぞ
片假名	ザ	ジ	ズ	ゼ	ゾ
罗马字	za	zi	zu	ze	zo

(1) 发音要领

    浊音「ざ行」中的「ざ」「ぜ」「ぞ」，是由辅音「z」分别与「あ行」元音「あ」「え」「お」相拼而成的。发辅音「z」时，舌前部接近上齿龈，留出一个小小的空隙，气流沿着空隙摩擦而出，振动声带。「z」的发音与汉语拼音的"z"基本相同。而假名「じ」发音同汉语拼音"ji"相同。假名「ず」发音介于"zi"和"zu"之间。

(2)「ざ行」发音练习

    ざぜず　　じぜざ　　ざぞず　　ずぞざ　　ざぜじず　　ぜぞざぞ　　ざじずぜぞ

(3) 看图记单词

かぜ（風）

かじ（火事）

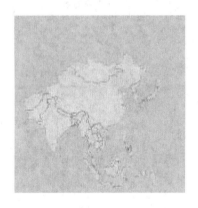
アジア

しずか（静か）

ざくろ

かぞく（家族）

第一章　第4课

(4) 书写练习

平假名	ざ		ず		ぞ
片假名		ジ		ゼ	
罗马字					

(5) 单词例

　　かぜ ②　　　　［風］　（ka ze）　　　　风
　　かじ ①　　　　［火事］（ka zi）　　　　火灾
　　アジア ①　　　［Asia］（a zi a）　　　亚洲
　　しずか ①　　　［静か］（si zu ka）　　 安静
　　ざくろ ①　　　　　　　（za ku ro）　　 石榴
　　かぞく ①　　　［家族］（ka zo ku）　　家庭

4.「だ行」

平假名	だ	ぢ	づ	で	ど
片假名	ダ	ヂ	ヅ	デ	ド
罗马字	da	di	du	de	do

(1) 发音要领

　　浊音「だ行」中的「だ」「で」「ど」，是由辅音「d」分别与「あ行」元音「あ」「え」「お」相拼而成的。发辅音「d」时，舌尖抵住上齿龈，然后很快放开让气流冲出，振动声带。假名「ぢ」和假名「じ」发音相同。假名「づ」和假名「ず」发音相同。

(2)「だ行」发音练习

　　だでづ　ぢでだ　だどづ　づどだ　だでぢづ　でどだど　だぢづでど

（3）看图记单词

ともだち（友達）

こども（子供）

はなぢ（鼻血）

だいどころ（台所）

あいづだいがく（会津大学）

でぐち（出口）

(4) 书写练习

平假名	だ		づ		ど
片假名		ヂ		デ	
罗马字					

(5) 单词例

  ともだち ⓪　　　　　[友達]　　　　（to mo da ti）　　　　朋友
  こども ⓪　　　　　　[子供]　　　　（ko do mo）　　　　　孩子
  はなぢ ⓪　　　　　　[鼻血]　　　　（ha na di）　　　　　鼻血
  だいどころ ⓪　　　　[台所]　　　　（da i do ko ro）　　　厨房
  あいづだいがく ④　　[会津大学]　　（ayi du dai gaku）　　日本会津大学
  でぐち ①　　　　　　[出口]　　　　（de gu ti）　　　　　出口

5.「ば行」

平假名	ば	び	ぶ	べ	ぼ
片假名	バ	ビ	ブ	ベ	ボ
罗马字	ba	bi	bu	be	bo

(1) 发音要领

  浊音「ば行」假名「ば」「び」「ぶ」「べ」「ぼ」是由辅音「b」分别与「あ行」元音「あ」「い」「う」「え」「お」相拼而成的。发辅音「b」时，双唇闭合形成阻塞，让气流冲破阻塞呼出，振动声带。

(2)「ば行」发音练习

  ばべぶ　びべば　ばぼぶ　ぶぼば　ばべびぶ　べぼばぼ　ばびぶべぼ

（3）看图记单词

バナナ

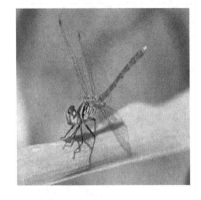
とんぼ

ぶた（豚）

へび（蛇）

たべる（食べる）

ばら

(4) 书写练习

平假名	ば		ぶ		ぼ
片假名		ビ		ベ	
罗马字					

(5) 单词例

  バナナ ①   [banana] (ba na na)   香蕉
  とんぼ ①   (ton bo)   蜻蜓
  ぶた ⓪   [豚] (bu ta)   猪
  へび ①   [蛇] (he bi)   蛇
  たべる ②   [食べる] (ta be ru)   吃饭
  ばら ⓪   [薔薇] (ba ra)   蔷薇花，玫瑰花

6.「ぱ行」

平假名	ぱ	ぴ	ぷ	ぺ	ぽ
片假名	パ	ピ	プ	ペ	ポ
罗马字	pa	pi	pu	pe	po

(1) 发音要领

  半浊音「ぱ行」假名「ぱ」「ぴ」「ぷ」「ぺ」「ぽ」是由辅音「p」分别与「あ行」元音「あ」「い」「う」「え」「お」相拼而成的。辅音「p」发音部位和「b」相同，只是不震动声带，和汉语拼音的"p"基本相同，只是辅音「p」呼出的气流不强。

(2)「ば行」发音练习

  ぱぺぷ ぴぺぱ ぱぽぷ ぷぱぱ ぱぺぴぷ ぺぽぱぽ ぱぴぷぺぽ

（3）看图记单词

ピアノ

ポスト

プリン

ぺこぺこ

パチンコ

ピザ

（4）书写练习

平假名	ぱ		ぷ		ぽ
片假名		ピ		ペ	
罗马字					

（5）单词例

  ピアノ ⓪ [piano] （pi a no） 钢琴
  ポスト ① [post]   （po su to） 邮筒
  プリン ① [pudding] （pu rin）   布丁
  ぺこぺこ ⓪   （pe ko pe ko） 很饿、空腹
  パチンコ ⓪   （pa tin ko） 弹子球（游戏机）
  ピザ ①   [pizza] （pi za）   比萨饼

7. 日语的声调（アクセント）和语调

  一般日语教科书和日语词典中的单词后面都注有声调符号。一个词或词组的发音高低、强弱叫声调，任何一种语言都有高低或强弱之分。日语是属于高低型的，即由高而低，或由低而高。日语的声调变化发生在假名与假名之间，一个假名代表一个音拍（包括表示促音、拨音和长音的假名，但不包括表示拗音的「や、ゆ、よ」。）

  我们学习现代日语均使用东京语声调（相当于汉语的普通话），可分为3种类型：升调、降调和升降调。

  ①升调（词典上注音表示为"⓪型"）：除第一拍发低调外，其他各拍都保持高调。

  ②降调（词典上注音表示为"①型"）：除第一拍发高调外，以后各拍都保持低调。

  ③升降调（词典上注音表示为"②型""③型""④型""⑤型""⑥型"）：两头低中间高。

（1）东京语的主要声调类型及其规律

  ⓪型：第一拍低，以下各拍都高。后续的助词也高。

  ①型：第一拍高，以下各拍都低。后续的助词也低。

  ②型：第二拍高，第一拍和第三拍以下各拍都低。

③型：第二、三拍高，第一拍和第四拍以下各拍都低。

④型：第二、三、四拍高，第一拍和第五拍以下各拍都低。

⑤型：第二、三、四、五拍高，第一拍和第六拍以下各拍都低。 以下类推。

(2) 声调图（アクセント表）

声调类型	一音拍词	二音拍词	三音拍词	四音拍词	五音拍词
⓪型	ひ 日	うし 牛	かたち 形	ともだち 友達	がいこくご 外国語
①型	ひ 火	ねこ 猫	いのち 命	さんがつ 三月	じゅうごにち 十五日
②型		かわ 川	こころ 心	デパート	かあ お母さん
③型			おとこ 男	おおきい 大きい	わたし 私たち
④型				おとうと 弟	さようなら
⑤型					しょうがつ お正月

注：〇为假名
　　●为代表单词后续的助词

(3) 读读看，注意单词的声调

わたし ⓪（私）	あんしん ⓪（安心）	アメリカ ⓪
あい ①（愛）	あに ①（兄）	インク ①
あなた ②（貴方）	にほん ②（日本）	あつい ②（暑い）
せんせい ③（先生）	あたま ③（頭）	まんねんひつ ③（万年筆）
あたたかい ④（温かい）	いもうと ④（妹）	かいはつぶ ④（開発部）

わかりません ⑤	こくさいでんわ ⑤ （国際電話）	うらやましい ⑤	
おねがいします ⑥	おかえりなさい ⑥	げんじものがたり ⑥	
はし ②（橋）	はし ①（箸）	あめ ⓪（飴）	あめ ①（雨）

（4）语调

语调是指句子的升调和降调。一般来说，疑问句句尾为升调，陈述句句尾为降调。

例如：

A：大丈夫？（没事吧？）↑

B：大丈夫です。（没事！）↓

「大丈夫？」是「大丈夫ですか。」的口语省略说法，省略了「ですか」。这是一个疑问句，所以句尾语调上扬。回答的是陈述句，所以句尾语调下降。

8. 长音

日语的音节有短音和长音的区别。长音就是把假名的元音部分拉长一拍念的音。短音是一个音拍，长音则是两个音拍。元音根据长短的不同，意思会不一样。除了拨音「ん」和促音「っ」以外，日语的每个音节都可以发成长音。片假名的长音用「ー」表示。

（1）平假名的长音规则

あ段假名后加「あ」	おかあさん	おばあさん
い段假名后加「い」	おにいさん	ちいさい
う段假名后加「う」	たいふう	くうき
え段假名后加「い」或「え」	せんせい	おねえさん
お段假名后加「う」或「お」	おとうさん	おおきい
片假名用「ー」	ケーキ	コーヒー

（2）长音发音练习

「あ」段假名加「あ」

おかあさん ② サービス ①
おばあさん ② ライター ①
タワービル ④ マーク ①

「い」段假名加「い」

いい ① キーワード ③
おかしい ③ ちいさい ③
おにいさん ② ビール ①
ミール ① リーダー ①

「う」段假名加「う」

くうき ① すうがく ⓪
こうつう ⓪ ふうぞく ①
ムード ① ゆうじん ⓪
ルーム ① フード ①

「え」段假名加「い」或「え」

えいが ① けいざい ①
せんせい ③ ていねい ①
おねえさん ② へいき ⓪
ゆうめい ⓪ れいぞうこう ③

「お」段假名加「う」或「お」

おおきい ③ おうせつ ⓪
こううん ⓪ そうじ ⓪
さいのう ⓪ どうかん ⓪
ほうほう ⓪ もうふ ①
ようす ⓪ ろうか ⓪

（3）看图记单词

ひこうき（飛行機）

おねえさん

いもうと（妹）

うれしい（嬉しい）

こうえん（公園）

ラーメン

(4) 书写练习

平假名	いもうと			うれしい	
片假名		ラーメン	ヒコウキ		
罗马字					

(5) 单词例

　　ひこうき ②　　　［飛行機］　　（hi kou ki）　　　　飞机

　　おねえさん ②　　［お姉さん］　（o nee san）　　　　姐姐

　　いもうと ④　　　［妹］　　　　（i mou tou）　　　　妹妹

　　うれしい ③　　　［嬉しい］　　（u re sii）　　　　　开心，高兴

　　こうえん ⓪　　　［公園］　　　（kou en）　　　　　 公园

　　ラーメン ①　　　　　　　　　　（raa men）　　　　 拉面

(6) 日常寒暄用语

　　✧　がんばってください。／请加油。

　　✧　がんばります。／我会加油的。

　　✧　おじゃまします。／打扰了。（到别人的住所时进门时说的话。）

　　✧　おじゃましました。／打扰了。（离开别人的住所时讲的话。）

　　✧　お待たせいたしました。／让您久等了。

　　✧　おねがいします。／拜托了。

第5课　促音、拗音、拗长音

　　促音的书写方法是用较小的假名「っ」表示，用片假名时写作「ッ」。促音的发音方法有两种，一种是促音发生在「か、た、ぱ、が、ざ、だ、ば」行假名之前时，发音要领是发完前面的音后，做好发下一个音的口型，堵住气流，形成一拍的顿挫，然后使气流冲出。另外一种是位于「さ」行假名之前，在发完前一音节后持续发「さ」行辅音「s」约一拍，再发后面的音。

1. 促音发音练习

にっき（日記）⓪	がっこう（学校）⓪	さっか（作家）⓪①
きって（切手）⓪	ねっしん（熱心）①	マッチ①
みっつ（三つ）⓪	きっぷ（切符）⓪	いっぱい⓪

（1）看图记单词

ペット

ベッド

ざっし（雑誌）

けっこん（結婚）

きっぷ（切符）

りっぱ（立派）

（2）书写练习

平假名	けっこん					ざっし
片假名		ペット		ベッド		
罗马字			kippu		rippa	

（3）单词例

ペット ①	「pet」 （petto）	宠物
ベッド ①	「bed」 （be ddo）	床
ざっし ⓪	「雑誌」 （zassi）	杂志
けっこん ⓪	「結婚」 （ke kkon）	结婚
きっぷ ⓪	「切符」 （kippu）	车票
りっぱ ⓪	「立派」 （rippa）	漂亮，宏伟

2. 拗音、拗长音

　　拗音由「い段」假名(含浊音、半浊音、「い」除外)分别与「ゃ」「ゅ」「ょ」3个假名相拼而成。拗音共有36个，其中有3个重复的音，所以实际上只有33个。发音时，「ゃ」「ゅ」「ょ」不能单独占一拍，要与前一个假名读成一个一拍的复合音。书写时，「ゃ」「ゅ」「ょ」3个假名要靠右下角小写。

　　拗音延长一拍称为拗长音。即在「ゃ」拗音后面加「あ」，在「ゅ」拗音后面加「う」，在「ょ」拗音后面「う」，见下表。

（1）拗音

平假名	片假名	罗马字	平假名	片假名	罗马字	平假名	片假名	罗马字
きゃ	キャ	kya	きゅ	キュ	kyu	きょ	キョ	kyo
ぎゃ	ギャ	gya	ぎゅ	ギュ	gyu	ぎょ	ギョ	gyo
しゃ	シャ	sya	しゅ	シュ	syu	しょ	ショ	syo
じゃ	ジャ	zya	じゅ	ジュ	zyu	じょ	ジョ	zyo
ちゃ	チャ	tya	ちゅ	チュ	tyu	ちょ	チョ	tyo
にゃ	ニャ	nya	にゅ	ニュ	nyu	にょ	ニョ	nyo
ひゃ	ヒャ	hya	ひゅ	ヒュ	hyu	ひょ	ヒョ	hyo
びゃ	ビャ	bya	びゅ	ビュ	byu	びょ	ビョ	byo
ぴゃ	ピャ	pya	ぴゅ	ピュ	pyu	ぴょ	ピョ	pyo
みゃ	ミャ	mya	みゅ	ミュ	myu	みょ	ミョ	myo
りゃ	リャ	rya	りゅ	リュ	ryu	りょ	リョ	ryo

（2）拗长音

きゃあ	きゅう	きょう
ぎゃあ	ぎゅう	ぎょう
しゃあ	しゅう	しょう
じゃあ	じゅう	じょう
ちゃあ	ちゅう	ちょう
ぢゃあ	ぢゅう	ぢょう
にゃあ	にゅう	にょう
ひゃあ	ひゅう	ひょう
びゃあ	びゅう	びょう
ぴゃあ	ぴゅう	ぴょう
みゃあ	みゅう	みょう
りゃあ	りゅう	りょう

（3）看图记单词

じゅうどう（柔道）

しゅくだい（宿題）

おちゃ（お茶）

びょういん（病院）

りょこう（旅行）

しゅっちょう（出張）

（4）书写练习

平假名	しゅくだい				りょこう
片假名		シャシン		オチャ	
罗马字			byou in		syu ttyou

（5）单词例

じゅうどう ①	［柔道］	（ jyu dou ）	柔道
しゅくだい ⓪	［宿題］	（ syu ku dai ）	作业
おちゃ ⓪	［お茶］	（ o tya ）	茶
びょういん ⓪	［病院］	（ byou in ）	医院
りょこう ⓪	［旅行］	（ ryo kou ）	旅行
しゅっちょう ⓪	［出張］	（ syu ttyou ）	出差

（6）日常寒暄用语

- おひさしぶりです。／しばらくですね。／好久不见了。
- お元気ですか。／你好吗?
- おかげさまで、元気です。／托您的福，很好。
- では、また。／再见。（比较通用的说法）
- 失礼します。／告辞了。
- ちょっと待ってください。／请稍等一下。

语音综合练习

1. 读下列单词，请注意清音和浊音的区别。

あし ②（足）	ここ ⓪（此処）	かき ⓪（柿）
あじ ⓪（味）	ごご ①（午後）	かぎ ②（鍵）
くち ⓪（口）	かし ①（菓子）	からす ①（鴉）
くじ ①（九時）	かじ ①（火事）	ガラス ⓪
いと ①（糸）	おさけ ⓪（お酒）	たんご ⓪（単語）
いど ①（井戸）	おさげ ②（お下げ）	だんご ⓪（団子）

2. 读下列单词，请注意长音和短音的区别。

くつ ②（靴）	ここ ⓪（此処）	いえ ②（家）
くつう ⓪（苦痛）	こうこう ⓪（高校）	いいえ ⓪
これ ⓪	ビル ①	おじさん ⓪
こうれい ⓪（高齢）	ビール ①	おじいさん ②

3. 读下列单词，请注意促音和非促音的区别。

こき ①（呼気）	かこ ①（過去）	にき ①（二季）
こっき ⓪（国旗）	かっこ ①（括弧）	にっき ⓪（日記）
がこう ⓪（画稿）	まち ②（町）	せけん ①（世間）
がっこう ⓪（学校）	マッチ ①	せっけん ⓪（石鹸）

4. 读下列单词，请注意拗音和非拗音的区别。

りゆう ⓪（理由）	りよう ⓪（利用）	びよういん ②（美容院）
りゅう ①（劉）	りょう ①（寮）	びょういん ⓪（病院）
じゆう ②（自由）	しよう ⓪（使用）	きよう ①（器用）
じゅう ①（十）	しょう ①（省）	きょう ①（今日）

5. 读下列单词，请注意声调。

あめ ⓪（飴）	はし ②（橋）	さとう ①（佐藤）
あめ ①（雨）	はし ①（箸）	さとう ②（砂糖）
かみ ①（神）	でんき ①（電気）	あつい ②（暑い）
かみ ②（紙）	でんき ⓪（伝記）	あつい ⓪（厚い）

6. 读读下列数字。

いち	1	さんじゅう	30
に	2	よんじゅう	40
さん	3	ごじゅう	50
し（よん）	4	ろくじゅう	60
ご	5	ななじゅう	70
ろく	6	はちじゅう	80
しち（なな）	7	きゅうじゅう	90
はち	8	ひゃく	100
く（きゅう）	9	せん	1000
じゅう	10	いちまん	10000
にじゅう	20	億（おく）	100000000

7. 朗读下列绕口令。

✧ なまむぎ　なまごめ　なまたまご／生麦、生米、生卵

✧ びよういん　びょういん　おもちや　おもちゃ／美容院、病院、御餅屋、玩具

✧ ももも　すももも　もものうち／桃も、すももも、桃のうち

✧ となりのきゃくは　よくかきくう　きゃくだ／隣の客は、よく柿食う、客だ

✧ とうきょう　とっきょ　きょかきょく／東京、特許、許可局

✧ あかまきがみ　あおまきがみ　きまきがみ／赤巻紙、青巻紙、黄巻紙

✧ にわにはにわ　うらにわには　にわにわとりがいます

／庭には二羽、裏庭には二羽鶏がいます。

✦ あいのあるあいさつは　あまく　あかるく　あたたかい
／愛のある挨拶は甘く明るく暖かい。

第二章　基础课文

第1課　私は新入生です

一、ポイント

1. ～は～です／……是……（判断句　肯定）

2. ～は～ではありません／……不是……（判断句　否定）

3. ～は～ですか／……是……吗？（判断句　疑问）

4. ～も～です（提示助词も）／……也是……

二、例文

1. 私は新入生です。／我是新生。
2. 王さん①は先輩ではありません。／小王不是学长。
3. 鈴木さんは先生ですか。／铃木是老师吗？
   いいえ、先生ではありません、留学生です。／不，不是老师，是留学生。
4. 山田さんも留学生です。／山田也是留学生。

三、会話

陳：おはようございます。陳です。

王：おはようございます。王です。初めまして、どうぞ、よろしくお願いします②。

陳：こちらこそ。王さんは新入生ですか。

王：はい、そうです③。陳さんは④。

陳：私は二年生です、ようこそ。

王：先輩、どうぞ、よろしくお願いします。

陳：いいえ、こちらこそ。よろしくお願いします。

四、短文

　初めまして、わたしは王です。新入生です。どうぞ、よろしくお願いします。陳さんは新入生ではありません、先輩です。
　鈴木さんは先生ではありません、留学生です。山田さんも留学生です。

五、新しい単語

わたし ［私］ ⓪	（代）	我
しんにゅうせい ［新入生］ ③	（名）	新生
おう ［王］ ①	（专）	王（姓氏）
せんぱい ［先輩］ ⓪	（名）	先辈，前辈
すずき ［鈴木］ ⓪	（专）	铃木（日本人的姓氏）
せんせい ［先生］ ③	（名）	老师
やまだ ［山田］ ⓪	（专）	山田（日本人的姓氏）
りゅうがくせい ［留学生］ ④	（名）	留学生
ちん ［陳］ ①	（专）	陈（姓氏）
おはようございます	（寒暄）	早上好
はじめまして ［初めまして］ ④	（连）	初次见面
どうぞ、よろしくおねがいします ［どうぞ、よろしくお願いします］	（寒暄）	请多关照
こちらこそ ④	（寒暄）	彼此彼此
はい ①	（感）	哎，是（应答）；是的
そうです ①	（连）	是，是的
にねんせい ［二年生］ ②	（名）	二年级学生
ようこそ ①	（寒暄）	欢迎
いいえ ③	（感）	不，不是

六、語彙説明

1.「～さん」

　　接尾词，接在姓名、职业、职务等词的后面，表示对他人较为礼貌的称呼方式，在郑重场合下则用「～さま」。根据上下文，可翻译成"老……""小……""……先生""……小姐"等，但对自己不能加「～さん」。

　例：①わたしは王です。／我是小王。

　　　②鈴木さんは留学生です。／铃木是留学生。

2.「はじめまして、どうぞ、よろしくお願いします」和「こちらこそ」

　　「はじめまして、どうぞ、よろしくお願いします」属于寒暄用语。自我介绍时，在说完自己的个人信息（姓名和公司名称等）之后，接着说「はじめまして、どうぞ、よろしくお願いします」，相当于汉语的"初次见面，请多多关照"。比较简短的说法是「はじめまして、どうぞ、よろしく」或者「はじめまして、よろしくお願いします」。将「お願いします」变成「お願いいたします」则更加礼貌。对方回答时则用「こちらこそ」，相当于汉语的"哪里哪里"，或者"彼此彼此"。

　例：陳: 陳です、はじめまして、どうぞ、よろしくお願いします。

　　　／我姓陈，初次见面，请多多关照。

　　　李: 李です。こちらこそ、どうぞ、よろしくお願いします。

　　　／我姓李，彼此彼此，也请你多多关照。

3.「はい」和「いいえ」

　　「はい」相当于中文的"是的"，用于肯定对方的提问，或者表示同意对方的说法或意见，在听到别人叫自己名字的时候也可以用「はい」来回答。

　　「いいえ」相当于中文的"不是"，对对方的问题表示否定回答时使用。

　例：①王さんは学生ですか。／小王，（你是）学生吗？

　　　　はい、そうです。／是的，（我是学生）。

　　　②鈴木さんは先生ですか。／铃木（你是）是老师吗？

いいえ、先生ではありません。／不，（我）不是老师。

4.「陳さんは」

「陳さんは」是省略了前面会话中双方都知道的内容。省略部分的意思跟中文相似。在课文中是小王回答小陈"我是新生，你呢？"因为是疑问句的省略方式，所以读升调，多用句号结句，也可以用问号结句。

七、文法と文型

1. 日语的词类

　　日语中的词类称为「品詞（ひんし）」，由于学说不同，归类标准也有所不同，本书沿用日本的规范文法，按照意义、形态和句子的作用分为12类。

简表如下：

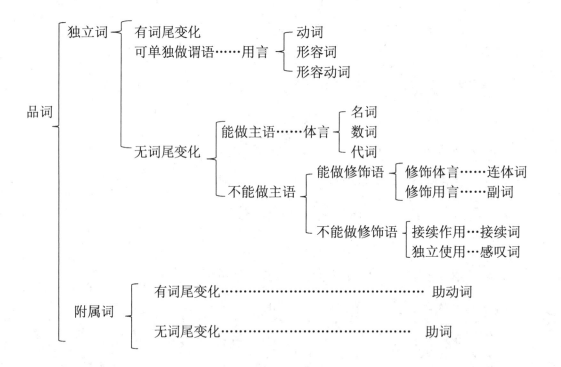

独立词：指除助词和助动词以外的10个词类。有实质性的意义，在句子中有独立成文的能力。

附属词：指助词和助动词。不具备实质意义，只有语法职能，在句中不能独立存在，只能附属于独立词的后面起语法作用。

（1）名　　词：表示事物名称的词。如：先生（せんせい）、先輩（せんぱい）、学生（がくせい）。

（2）代　　词：代替事物名称的词。如：私（わたし）、あなた、これ。

（3）数　　词：表示数量或顺序的词。如：第一課（だいいっか）、二年生（にねんせい）。

（4）动　　词：表示事物的动作、作用、状态、存在，有词尾变化。如：始（はじ）める、願（ねが）う。

（5）形容词：说明事物的性质或状态，基本形以「い」结尾，有词尾变化。如：大（おお）きい、小（ちい）さい、美（うつく）しい。

（6）形容动词：说明事物的性质或状态，基本形以「だ」结尾，有词尾变化。如：静（しず）かだ、立派（りっぱ）だ、賑（にぎ）やかだ。

（7）副　　词：说明用言的状态或程度。如：ゆっくり、もっと、たいへん。

（8）连体词：仅对体言起修饰作用，说明体言的状态或程度。如：この、こんな、大（おお）きな。

（9）接续词：在句子里起承上启下、无活用变化的词，也称为连词。如：しかし、そして、または。

（10）感叹词：表示感叹、呼唤、应答的词，也称为叹词。如：はい、いいえ、ええ。

（11）助动词：主要附在用言后面，起一定语法作用或增添某种意义，有词尾变化。如：です、ます、そうだ。

（12）助　　词：附在体言和用言等独立词后面，确定词与词之间的关系或增添某种意义、语感、没有活用的附属词。如：が、の、と。

2．文　型

（1）体言は体言です

「～は～です」是判断句。判断主语是什么。「は」是提示助词，接在体言后表示主题，具有提示、强调的作用，作为助词使用时，读作「わ」。在此句型中用来提示主题。「です」是助动词，表示断定。「～は～です」相当于汉语的"～是～"。

✧王（おう）さんは新入生（しんにゅうせい）です。／小王是新生。

- ◇ 鈴木さんは留学生です。／铃木是留学生。
- ◇ 山田さんは会社員です。／山田是公司职员。

（2） 体言は体言ではありません

「ではありません」是「です」的否定形式。相当于汉语的"……不是……"。

- ◇ 王さんは会社員ではありません。／小王不是公司职员。
- ◇ 趙さんは新入生ではありません。／小赵不是新生。
- ◇ 山田さんは留学生ではありません。／山田不是留学生。

（3）体言は体言ですか

「か」接在词尾，表示疑问，相当于汉语的"吗"。日语终助词「か」的后面，不用问号，而用句号。读升调。「～は～ですか」相当于汉语的"……是……吗？"

- ◇ 王さんは学生ですか。／小王是学生吗？
- ◇ 陳さんは医者ですか。／小陈是医生吗？
- ◇ 山田さんは先生ですか。／山田是老师吗？

（4）体言も体言です

「も」是提示助词，接在体言或助词后面，表示追加，相当于汉语的"也"。

- ◇ 王さんは学生です。陳さんも学生です。／小王是学生，小陈也是学生。
- ◇ 鈴木さんは日本人です。山田さんも日本人です。／铃木是日本人，山田也是日本人。
- ◇ わたしは留学生ではありません。李さんも留学生ではありません。

／我不是留学生，小李也不是留学生。

第二章　第1课

八、気軽に勉強しよう

好きな果物

りんご　　　イチゴ　　　かき　　　パイナップル

もも　　　ぶどう　　　キウイ　　　ばんじろう

九、知识窗

富士山

　　富士山（富士山）是日本一座横跨静冈县和山梨县的活火山，位于东京西南方约80千米处，主峰海拔3776米。2002年8月（平成14年），经日本国土地理院重新测量后，为3775.63米，是日本国内的最高峰。富士山顶于冬季积雪，直至隔年六、七月才会溶化。富士山不但名列日本百名山，同时也是日本三大名山之一，其名称由来源自于竹取物语。闻名全球的富士山是日本重要的象征之一，被视为日本的圣山。

十、教室用語

◇では、授業を始めます。／开始上课。

◇どうぞ、入ってください。／请进。

◇分かりましたか。／明白了吗？

◇分かりました。／明白了。

◇休みましょう。／休息一下吧。

第1课综合练习

一、请写出下列单词的读音或日语汉字。

1.「二年生」→ ＿＿＿＿＿＿
2.「山田」→ ＿＿＿＿＿＿
3.「留学生」→ ＿＿＿＿＿＿
4.「先生」→ ＿＿＿＿＿＿
5.「せんぱい」→ ＿＿＿＿＿＿
6.「わたし」→ ＿＿＿＿＿＿
7.「しんにゅうせい」→ ＿＿＿＿＿＿
8.「はじめまして」→ ＿＿＿＿＿＿

二、替换练习。

1. 例：張さん／二年生 → 張さんは二年生です。
　(1) 鈴木さん／医者　　　→
　(2) 山田さん／会社員　　→
　(3) 趙さん／韓国人　　　→
　(4) 木村さん／留学生　　→

2. 例：山田さん／韓国人 → 山田さんは韓国人ではありません。
　(1) 私／会社員　　　　→
　(2) 王さん／韓国人　　→
　(3) 木村さん／医者　　→
　(4) 張さん／留学生　　→

3. 例：趙さん／韓国人 → 趙さんは韓国人ですか。
　(1) 陳さん／医者　　　→
　(2) 王さん／先生　　　→
　(3) 彼／新入生　　　　→
　(4) 鈴木さん／会社員　→

4.例：張さん／木村さん／留学生 → 張さんは留学生です。木村さんも留学生です。

(1) 鈴木さん／山田さん／医者 →

(2) 私／彼／会社員 →

(3) 王さん／陳さん／二年生 →

(4) 木村さん／趙さん／先輩 →

三、语法练习。

1. 在下列括号中填上适当的假名。

例：私（は）学生（で）（す）。

(1) 張さん（　）会社員（　）（　）（　）。

(2) 山田さん（　）医者（　）（　）ありません。

(3) 王さんは先生（　）（　）。

(4) 山田さん（　）留学生です。趙さん（　）留学生（　）（　）。

(5) はじめまして、どうぞ（　）（　）（　）（　）（　）（　）
　　　（　）（　）（　）（　）（　）。

2. 在正确的答案上画○。

例：王さんは中国人ですか → （はい・いいえ）、そうです。

(1) 張さんは中国人ですか。→（はい・いいえ）、中国人ではありません。

(2) 鈴木さんは留学生ですか。→ はい、（そうです・そうではありません）。

(3) 王さんは会社員ですか。→ いいえ、会社員（です・ではありません）。

(4) 彼は新入生ですか。→（はい、いいえ）そうです。

(5) 王さんですか。→ はい、（王・王さん）です。

3. 仿照例句完成句子。

例：鈴木さん／は／です／先生→鈴木さんは先生です。

(1) 新入生／私／です／は

→

(2) 二年生／では／趙さん／ありません／は

→

(3) 社長／か／です／木村さん／は

→

(4) 会社員／私／は／も／会社員／です／王さん／です

→

(5) 留学生／も／張さん／ではありません

→

四、翻译练习。

1. 翻译下列日语句子。

(1) おはようございます。王です。

(2) 初めまして、鈴木です。どうぞよろしくお願いします。

(3) 私は会社員ではありません。医者です。

(4) 彼は新入生ではありません。先輩です。

2. 翻译下列汉语句子。

(1) 小张不是老师，是医生。

(2) A:铃木是总经理吗？

B:是的。

(3) A：山田也是留学生吗？

B：不，他是公司职员。

(4) A：小王是新生还是二年级学生？

B：他不是二年级学生，是新生。

五、应用会话练习。

1. 请完成下列对话。

(1) A：陳(ちん)さんは二年生(にねんせい)ですか。

B：はい、＿＿＿＿＿＿＿＿＿＿＿＿＿＿＿＿＿＿。

(2) A：鈴木(すずき)さんは＿＿＿＿＿＿＿＿＿＿＿＿＿＿＿＿＿＿。

B：いいえ、社長(しゃちょう)ではありません。医者(いしゃ)です。

(3) A：山田(やまだ)さんは二年生(にねんせい)です。張(ちょう)さんも＿＿＿＿＿＿＿＿＿＿＿＿＿＿＿＿＿＿。

B：はい、張(ちょう)さんも＿＿＿＿＿＿＿＿＿＿＿＿＿＿＿＿＿＿。

(4) A：＿＿＿＿＿＿＿＿＿＿＿、王(おう)です。どうぞ、＿＿＿＿＿＿＿＿＿＿＿＿＿＿＿＿＿＿。

B：はじめまして、木村(きむら)です。＿＿＿＿＿＿＿＿＿＿＿＿＿＿＿＿＿＿。

2. 自由会话。

请用本课学习过的句型进行简单的自我介绍练习。

【补充单词】

り［李］①	（专）	李（姓氏）
かいしゃいん［会社員］④	（名）	公司职员
ちょう［趙］①	（专）	赵（姓氏）
いしゃ［医者］⓪	（名）	医生

第二章　第1课

にほんじん［日本人］④	（专）	日本人
ちょう［張］①	（专）	张（姓氏）
かんこくじん［韓国人］④	（专）	韩国人
きむら［木村］⓪	（专）	木村（日本人的姓氏）
ちゅうごくじん［中国人］④	（名）	中国人
かれ［彼］①	（代）	他
しゃちょう［社長］⓪	（名）	总经理

第2課　私は日本語学科の学生です

一、ポイント

1. ～ですか、～ですか／……是……，还是……（终助词か）
2. ～は（名词）の（名词）～です／……是……的……（格助词の）
3. ～は～で、～です／……是……又是……（名词的中顿）
4. ～は～でしょう／……是……吧（判断句　推量式）

二、例文

1. 金先生①は韓国人ですか、中国人ですか。／金老师是韩国人还是中国人？
2. 私は日本語学科の学生です。／我是日语专业的学生。
3. 金さんは中国人で、三年生②です。／小金是中国人，是三年级的学生。
4. 王さんは卒業生でしょう。／小王是毕业生吧？

三、会話

金：はじめまして、金です。

王：はじめまして、王です。どうぞよろしくお願いします。

金：こちらこそ。王さんは、新入生でしょう。

王：はい、そうです。金さんは韓国人ですか、中国人ですか。

金：私は中国人で、学生です。

王：金さんも日本語学科の学生ですか。

金：はい、そうです。私は日本語学科の三年生です。

王：先輩、どうぞ、よろしくお願いします。

金：こちらこそ。

四、短文

こんにちは、私は王です。新入生です。学校は海南外国語職業学院で、専攻は日本語です。

今日は晴れで、新学期の初日です。陳さんは私の先輩です。金さんも私の先輩です。金さんは韓国人ではありません。彼は中国人で、日本語学科の三年生です。陳さんは二年生で、金さんの後輩です。

五、新しい単語

にほんごがっか ［日本語学科］ ⑤	（名）	日语学科，日语专业
がくせい ［学生］ ⓪	（名）	学生
きん、キム ［金］ ①	（专）	金（姓氏）
さんねんせい ［三年生］ ③	（名）	三年级学生
そつぎょうせい ［卒業生］ ③	（名）	毕业生
こんにちは ⓪	（连语）	你好
がっこう ［学校］ ⓪	（名）	学校
かいなんがいこくごしょくぎょうがくいん ［海南外国語職業学院］	（专）	海南外国语职业学院
せんこう ［専攻］ ⓪	（名）	专攻，专修，专业
にほんご ［日本語］ ⓪	（名）	日语
きょう ［今日］ ①	（名）	今天
はれ ［晴れ］ ⓪	（名）	晴天
しんがっき ［新学期］ ③	（名）	新学期
しょにち ［初日］ ⓪	（名）	第一天
こうはい ［後輩］ ⓪	（名）	后辈

六、語彙説明

1．在中国和韩国都有姓金的。"金"姓如果是韩国人念「キム」，中国人则念「きん」。

2．数字1～10的读法。

1	いち
2	に
3	さん
4	し、よん、よ、
5	ご
6	ろく
7	しち、なな
8	はち
9	く、きゅう
10	じゅう

例如：1年生（ねんせい）、2年生（ねんせい）、3年生（ねんせい）。

七、文法と文型

1. 体言ですか、体言ですか

   两个「ですか」并列使用时，构成并列疑问句，相当于汉语中的"……是……，还是……"。回答选择疑问句的时候，不可以用「はい」或者「いいえ」来回答。

   ◆ 陳（ちん）さんは新入生（しんにゅうせい）ですか、先輩（せんぱい）ですか。／您（小陈）是新生，还是（学长）前辈？
   私（わたし）は新入生（しんにゅうせい）です。／我是新生。

   ◆ 李（り）さんは中国人（ちゅうごくじん）ですか、韓国人（かんこくじん）ですか。／您（小李）是中国人，还是韩国人？
   私（わたし）は中国人（ちゅうごくじん）です。／我是中国人。

   ◆ 趙（ちょう）さんは一年生（いちねんせい）ですか、二年生（にねんせい）ですか。／小赵是一年级学生还是二年级学生？
   私（わたし）は一年生（いちねんせい）です。／我是一年级学生。

2.体言の+体言です

日语名词和名词相连时,大多要使用「の」。「の」是格助词,接在名词后面,构成后续名词的定语。表示名词的所属、属性,相当于汉语的"的"。

- ◆ 私は外国語職業学院の学生です。／我是外国语职业学院的学生。
- ◆ 陳さんは二年生の先輩です。／小陈是二年级的(学哥／学姐)前辈。
- ◆ 山田は日本語の先生です。／山田是日语老师。

3. ～は 体言 で、～です

「で」是断定助动词「です」的中顿,以「体言+で」的形式表示将两个句子合并起来。

- ◆ 私は王で、中国人です。／我姓王,是中国人。
- ◆ 彼は金で、韓国人です。／他是小金,是韩国人。

4.体言 は 体言 でしょう

「でしょう」是断定助动词「です」的推量型。表示对事物的推测。相当于汉语的"……吧"。

- ◆ 明日は雨でしょう。／明天会下雨吧。
- ◆ 明日は新学期の初日でしょう。／明天是开学第一天吧。

八、気軽に勉強しよう

乗り物

タクシー

トラック

バス

ヘリコプター

ちかてつ　　　　でんしゃ　　　　こうそくてつどう
地下鉄　　　　電車　　　　高速鉄道　　　　ジープ

九、知识窗

　　　　　　　櫻花

　　櫻花（桜<ruby>さくら</ruby>）作为日本的国花，深受日本人的喜爱。每年，日本气象协会都会发布樱花的花期预测。日本樱花开放的季节在3月下旬至5月上旬，由南往北依次盛开。最早可以观赏到樱花的是冲绳岛，而最姗姗来迟的樱花则是全日本最寒冷的北海道。这个时期，日本人会和家人、朋友一起去公园赏樱花，在樱花树下铺设席子，开怀畅饮，称之为お花見<ruby>はなみ</ruby>。

十、教室用語

- ◇　できましたか。／做出来了吗？
- ◇　できました。／做出来了（做好了）。
- ◇　よくできました。／做得不错，做得很好。
- ◇　立<ruby>た</ruby>ってください。／请站起来。
- ◇　座<ruby>すわ</ruby>ってください。／请坐。

第2课综合练习

一、请写出下列单词的读音或日语汉字。

1.「日本語」→ ＿＿＿＿＿＿＿＿＿＿　　6.「はれ」→ ＿＿＿＿＿＿＿＿＿＿

2.「学科」→ ＿＿＿＿＿＿＿＿＿＿　　7.「きょう」→ ＿＿＿＿＿＿＿＿＿＿

3.「学生」→ ＿＿＿＿＿＿＿＿＿＿　　8.「がっこう」→ ＿＿＿＿＿＿＿＿＿＿

4.「新学期」→ ＿＿＿＿＿＿＿＿＿＿　　9.「せんこう」→ ＿＿＿＿＿＿＿＿＿＿

5.「中国人」→ ＿＿＿＿＿＿＿＿＿＿　　10.「しょにち」→ ＿＿＿＿＿＿＿＿＿＿

二、替换练习。

1.例：金さん／二年生／三年生　→金さんは二年生ですか、三年生ですか。

(1) 鈴木さん／医者／会社員　→

(2) 山田さん／留学生／先生　→

(3) 趙さん／中国人／韓国人　→

(4) 王さん／先輩／後輩　→

(5) 陳さん／英語学科の学生／日本語学科の学生　→

2.例：張さん／韓国人／留学生　→　張さんは韓国人で、留学生です。

(1) 私／中国人／新入生　→

(2) 彼／三年生／先輩　→

(3) 金さん／韓国人／医者　→

(4) 田中さん／留学生／英語学科の三年生→

(5) 今日／雨／新学期の初日　→

第二章　第2课

3.例：趙さん／一年生　→　趙さんは一年生でしょう。（はい、そうです。）

(1) 彼／会社員（はい、そうです。）→

(2) 陳先生／日本語学科の先生　（いいえ、そうではありません。）→

(3) 専攻／数学（はい、そうです。）→

(4) 田中さん／社長（いいえ、そうではありません。）→

(5) 王さん／海南外国語職業学院の卒業生（はい、そうです。）→

三、语法练习。

1. 在下列括号中填上适当的假名。

例：はじめまして、金（で）（す）。

(1) 陳さんは会社員（　）（　）。社長（　）（　）（　）
（　）（　）（　）。

(2) 金さん（　）韓国人（　）、数学学科（　）二年生（　）（　）。

(3) 張さんは私（　）先輩（　）（　）。王さん（　）私（　）
先輩（　）（　）。

(4) A:山田さん（　）日本語学科（　）先生でしょう。
B:いいえ、留学生（　）（　）。

(5) A: 趙さんは二年生です。山田さん（　）二年生（　）（　）（　）。
B:いいえ、彼は二年生（　）（　）（　）（　）（　）
（　）（　）。

(6) 金さんは私（　）先輩です。金さんは韓国人（　）（　）ありません。彼は中国人（　）、日本語学科（　）三年生です。

2. 在正确的答案上画〇。

例：趙さんは韓国人でしょう。→（はい・いいえ）、そうです。

(1) 木村さんは新入生でしょう。→（はい・いいえ）、新入生ではありません。

(2) 今日は新学期の初日でしょう。→ はい、（そうです・そうではありません）。

(3) 彼はアメリカ人でしょう。→ いいえ、イタリア人（です・ではありません）。

(4) 山田さんは三年生でしょう。→（はい、いいえ）、山田さんは卒業生です。

(5) 陳さんの専攻は日本語でしょう。→ いいえ、(そうです・そうではありません)。数学です。

3. 仿照例句完成句子。

例：張さん／は／でしょう／中国人 → 張さんは中国人でしょう。

(1) どうぞ／おねがいします／よろしく／はじめまして→

(2) 金さん／ですか／中国人／は／ですか／韓国人→

(3) は／田中さん／日本語／の／先生／か／学科／です→

(4) 新入生／の／王さん／学科／英語／で／です／中国人／は→

(5) 海南外国語職業学院／は／専攻／です／学校／で／は／日本語→

四、翻译练习。

1. 翻译下列日语句子。

(1) 今日は晴れで、新学期の初日です。

(2) 金さんは小学校の先生ですか、高校の先生ですか。

(3) 学校は海南外国語職業学院で、専攻は日本語です。

(4) 陳さんは中国人で、日本語学科の三年生です。

(5) 田中さんは木村さんの先輩です。そして、彼の専攻は数学です。

(6) A:彼はイタリア人で、英語学科の留学生です。山田さんも留学生でしょう。
B:いいえ、山田さんは留学生ではありません。日本語学科の先生です。

2.翻译下列汉语句子。

(1) 今天是新学期的第一天。

(2) 小张是中国人，是日语专业的三年级学生。

(3) 小王是海南外国语职业学院的毕业生，是我的前辈。

(4) 他是美国人还是意大利人？

(5) 小陈的专业是数学还是日语？

五、应用会话练习。

1. 请完成下列对话。

(1) A: 田中(たなか)さんは留学生(りゅうがくせい)ですか。

B: いいえ、＿＿＿＿＿＿＿＿＿＿＿＿＿。

A: 日本語学科(にほんごがっか)の先生(せんせい)でしょう。

B: はい、＿＿＿＿＿＿＿＿＿＿＿＿＿。

(2) A: 金(きん)さん＿＿＿専攻(せんこう)は日本語(にほんご)＿＿＿＿＿、英語(えいご)＿＿＿＿＿＿。

B: 英語(えいご)です。

A: 彼(かれ)は韓国人(かんこくじん)でしょう。

B: いいえ、中国人(ちゅうごくじん)＿＿＿＿＿＿。

(3) 王：はじめまして、＿＿＿＿です。中国人(ちゅうごくじん)で、日本語学科(にほんごがっか)＿＿＿＿新入生(しんにゅうせい)です。どうぞよろしくお願いします。

李：＿＿＿＿＿＿＿＿。＿＿＿＿です、私も＿＿＿＿＿＿で、＿＿＿＿＿＿＿です。どうぞよろしくお願いします。

2. 自由会话。

请用本课学习过的句型自编对话进行练习。

【补充单词】

あした［明日］⓪	（名）	明天
あめ［雨］①	（名）	雨
えいごがっか［英語学科］④	（名）	英语学科，英语专业
たなか［田中］⓪	（专）	田中（日本人的姓氏）
すうがく［数学］⓪	（名）	数学
アメリカじん［アメリカ人］④	（专）	美国人
イタリアじん［イタリア人］④	（专）	意大利人
しょうがっこう［小学校］③	（名）	小学
こうこう［高校］⓪	（名）	高中

第3課　これは私の本です

一、ポイント

1. これ（それ・あれ）は～ですか／这是（那是）……吗？

    ～はどれですか／……是哪个

2. ここ（そこ・あそこ）は～です／这里（那里）是……

    ～はどこですか／……在哪里……

3. この（その・あの）体言は～です／这个（那个）……是……

4. ～のです／……是……的（东西）

二、例文

1. これは何ですか。／这是什么？

    それは日本語の本です。／那是日语书。

    あれは英語の雑誌です。／那是英语杂志。

    李さんの机はどれですか。／小李的桌子是哪个？（哪个是小李的桌子？）

2. ここは食堂です。／这里是食堂。

    そこは私たちの寮です。／那里是我们的宿舍。

    あそこは図書館です。／那里是图书馆。

    事務室はどこですか。／办公室在哪儿？

3. A：この鞄はいくらですか。／这个书包多少钱？

    B：この鞄は2600円①です。（120元です）／这个书包2600日元（120元）。

4. その漫画は張さんのですか。／那本漫画是小张的吗？

    あの新聞は私のです。／那份报纸是我的。

三、会話

田中：あのう、すみません②。日本語学部の事務室はどこですか。

受付：日本語学部の事務室ですか。あそこです。あの建物の一階③です。

田中：ありがとうございます。

受付：いいえ。

（事務室で④）

田　中：すみません。ここは日本語学部の事務室ですか。

事務員：はい、そうです。

田　中：初めまして、留学生の田中です。どうぞよろしくお願いします。

事務員：こちらこそ。

田　中：あのう、大学の図書館はどこですか。

事務員：図書館ですか、あの六階建ての建物です。

田　中：そうですか⑤。あの三階建ての建物は何ですか。

事務員：あれは学生の食堂です。

田　中：大学の保健室はどこですか。

事務員：あそこです。

田　中：わかりました。ありがとうございます。

四、短文

　　ここは私たちの大学です。大学の隣はスーパーです。銀行はスーパーの隣です。とても便利です。

　　あそこは運動場です。あの建物は大学の図書館です。図書館の一階は講演ホールです。私たちの教室は図書館の後ろです。図書館の前の建物は私たちの寮です。学生の食堂はあの三階建ての建物です。大学の保健室は食堂の隣です。

五、新しい単語

これ ⓪	（代）	这，这个
ほん［本］①	（名）	书
なん［何］①	（疑问）	什么
それ ⓪	（代）	那，那个
あれ ⓪	（代）	那个
ざっし［雑誌］⓪	（名）	杂志
つくえ［机］⓪	（名）	桌子，书桌
どれ ①	（疑问）	哪一个
ここ ⓪	（代）	这里
しょくどう［食堂］⓪	（名）	食堂
そこ ⓪	（名）	那里
わたしたち［私達］③	（代）	我们
りょう［寮］①	（名）	宿舍
あそこ ⓪	（代）	那里
としょかん［図書館］②	（名）	图书馆
じむしつ［事務室］②	（名）	办公室
どこ ①	（疑问）	哪里
この ⓪	（代）	这个
かばん［鞄］⓪	（名）	包，书包
いくら ①	（疑问）	多少钱
えん［円］①	（名）	（日本钱）日元
げん［元］①	（名）	（中国钱）元
その ⓪	（代）	那个
まんが［漫画］⓪	（名）	漫画
あの ⓪	（代）	那个

しんぶん ［新聞］⓪	（名）	报纸
あのう ⓪	（感）	（说话前或说话时的停顿）嗯
すみません ④	（连词）	不好意思
がくぶ ［学部］①	（名）	学部，院，系
うけつけ ［受付］⓪	（名）	传达室，接待室
たてもの ［建物］②③	（名）	建筑物，房屋
いっかい ［一階］⓪	（名）	一楼
だいがく ［大学］⓪	（名）	大学
ろっかい ［六階］⓪	（名）	六楼
だて ［建て］⓪	（接尾）	层
さんがい ［三階］⓪	（名）	三楼
ほけんしつ ［保健室］②	（名）	医务室
わかりました ④	（连）	明白了
となり ［隣］⓪	（名）	邻居，隔壁，旁边，附近
スーパー ［supermarket］③	（名）	超市
ぎんこう ［銀行］⓪	（名）	银行
とても ⓪	（副）	很，非常
べんり ［便利］①	（形动）	方便
うんどうじょう ［運動場］⓪	（名）	运动场；体育场
こうえんホール ［講演ホール］⑤	（组）	演讲厅、报告厅
きょうしつ ［教室］⓪	（名）	教室
うしろ ［後ろ］⓪	（名）	后面
まえ ［前］①	（名）	前面

六、語彙説明

1. 数词 11～1 万的说法，见下表。

11	じゅういち	12	じゅうに
13	じゅうさん	14	じゅうし、じゅうよん
15	じゅうご	16	じゅうろく
17	じゅうしち、じゅうなな	18	じゅうはち

19	じゅうく、じゅうきゅう	20	にじゅう
30	さんじゅう	40	よんじゅう
50	ごじゅう	60	ろくじゅう
70	ななじゅう	80	はちじゅう
90	きゅうじゅう	100	ひゃく
200	にひゃく	300	さんびゃく

400	よんひゃく	500	ごひゃく
600	ろっぴゃく	700	ななひゃく
800	はっぴゃく	900	きゅうひゃく
1000	せん	2000	にせん
3000	さんぜん	4000	よんせん
5000	ごせん	6000	ろくせん
7000	ななせん	8000	はっせん
9000	きゅうせん	10000	いちまん
0	ゼロ／れい		

※ 注意：日语的"4"有3种读音，「四(し)」「十四(じゅうよん)」「四年(よねん)」，7、9、0各有两种读音，分别为「なな、しち」「きゅう、く」「ゼロ、れい」。根据后缀词不同，读音也有所不同。日元（100円）要读成「百円(ひゃくえん)」、人民币100元要读成「100元(ひゃくげん)」。

2.「あのう、すみません。」

在问路、询问事情时使用，表示"请问""对不起"的意思。

①あのう、すみません、食堂はどこですか。／请问，食堂在哪？

②あのう、すみません、李さんの雑誌はどれですか。／请问，哪个是小李的杂志？

3. 「～階」的读法

1階	いっかい	2階	にかい
3階	さんがい	4階	よんかい
5階	ごかい	6階	ろっかい
7階	ななかい	8階	はちかい／はっかい
9階	きゅうかい	10階	じゅうかい
11階	じゅういっかい	12階	じゅうにかい
13階	じゅうさんがい	14階	じゅうよんかい
15階	じゅうごかい	16階	じゅうろっかい
17階	じゅうななかい	18階	じゅうはちかい／じゅうはっかい
19階	じゅうきゅうかい	20階	にじゅっかい

4. 事務室で

「で」表示动作进行的场所。在本课用来提示在办公室进行会话的地点。

5. そうですか

在会话中经常会出现「そうですか」。这是对话中的一种接续。根据上下文有两种音调，表示两种不同的意思。读升调，意思是"是这样吗？"含疑问的意思。读降调，则译为"是这样子啊。"表示接受并了解对方所讲的意思。在本课会话中读降调。

七、文法と文型

1．こ、そ、あ、ど系列表

こそあど系列代词		近　称	中　称	远　称	不定称
代词	事　物	これ	それ	あれ	どれ
	场　所	ここ	そこ	あそこ	どこ
	人　称	この人	その人	あの人	どの人
		この方	その方	あの方	どの方
		こちら	そちら	あちら	どちら
连体词		この	その	あの	どの
副　词		こう	そう	ああ	どう

2．文型

（1）これ（それ・あれ）は体言 です／这是（那是）……

「これ」「それ」「あれ」是指示代词、指示事物。相当于汉语的"这个""那个"。有近称，中称，远称之分。说话人和听话人相隔一段距离，面对面说话的时候，「これ」指说话人身边的事物，属近称；「それ」指听话人身边的事物，属中称；「あれ」指既不在说话人身边，也不在听话人身边的，离双方都比较远的事物，属远称。如果说话人和听话人处于同一位置，面向同一方向时，「これ」指距离说话人和听话人较近的事物；「それ」指距离双方稍微远的事物；「あれ」指距离双方更远的事物。

◇ これは何ですか。／这是什么？

◇ それは日本語の本です。／那是日语书。

◇ あれは新聞です。／那是报纸。

习惯上用「これ」提问时，用「それ」回答。用「それ」提问时，用「これ」回答。用「あれ」提问时，还用「あれ」回答。

◇ これは李さんの辞書ですか。／这是你（小李）的字典吗？

はい、（それは）私の辞書です。／是的，那是我的字典。

- ◆ あれは何(なん)ですか。／那是什么？
- ◆ あれは傘(かさ)です。／那是伞。

※〜はどれですか／……是哪个

用「〜はどれですか」的形式来询问"……是哪个"。

- ◆ A:王さんの机はどれですか。／小王的桌子是哪个？
- ◆ B:これです。／是这个。

(2) ここ（そこ・あそこ）は〜体言です／这里（那里）是……

「ここ」、「そこ」、「あそこ」是指示代词，指示场所，相当于汉语的"这里"、"那里"。位置关系和「これ」、「それ」、「あれ」相同。「ここ」是近称、「そこ」是中称、「あそこ」是远称。

- ◆ ここは教室(きょうしつ)です。／这里是教室。
- ◆ そこは食堂(しょくどう)です。／那里是食堂。
- ◆ あそこは図書館(としょかん)です。／那里是图书馆。

※用「〜はどれですか」的形式来询问"……是在哪儿"。

- ◆ A:図書館はどこですか。／图书馆在哪儿？

    B:あそこです。／在那里！

(3) この（その・あの）＋体言 は〜です／这个（那个）……是……

「この」「その」「あの」是连体词，后接体言。位置关系与「これ」「それ」「あれ」相同。

- ◆ この雑誌(ざっし)は王さんの(雑誌)です。／这本杂志是小王的。
- ◆ その建物(たてもの)は教室ですか、図書館(としょかん)ですか。／那幢大楼是教室，还是图书馆？
- ◆ あの建物(たてもの)は学生の寮(りょう)です。／那幢大楼是学生宿舍。

（4）体言のです／……的「の」前接所属名词，相当于汉语"……的（东西）"之意，这时可以把后面（ ）中的名词省略掉。

◆ この漫画は誰の（漫画）ですか。／这本漫画是谁的。

その漫画はわたしの（漫画）です。／那本漫画是我的。

◆ あの新聞は張さんの（新聞）ですか。／那份报纸是你的吗？

いいえ、わたしの（新聞）ではありません。／不是我的。

3.人称代名词

第一人称		わたくし	わたし	ぼく	わたしたち
第二人称		あなた	あなた	きみ	あなたたち
第三人称	男	彼	—	—	かれら かれたち
	女	彼女	—	—	彼女たち

日语中的人称代词，一般来说，第一人称是「私」，第二人称是「あなた」，第三人称是「彼」「彼女」。在不知道对方的姓名而又必须称呼的时候，才会使用第二人称「あなた」，否则用「あなた」来称呼对方会显得不礼貌。在日本，一般妻子叫丈夫时用「あなた」。

「わたくし」比「わたし」更郑重、自谦。「僕」和「君」都是男性用语，用于上级对下级、同辈之间，挚友亲朋之间。

「たち（達）」是结尾词，接在表示人称的代词、名词后，表示复数。例如：私たち、彼達、学生たち等。

◆ A:これは君のですか。／这是你的吗？

B: はい、僕のです。／是的。

在日语会话中，经常省略第一，第二人称的主语。陈述句里的第一人称和疑问句里的第二人称主语经常省略。

◆ A:(あなたは)中国人ですか。／你是中国人吗？

B:いいえ、(私は)日本人です。／不，我不是中国人，是日本人。

❖ A:君たちは新入生ですか。／你们是新生吗？

B:はい、（僕たちは)新入生です。／是的，我们是新生。

八、気軽に勉強しよう

おいしいお菓子

ドーナツ

ミルク・牛乳

チョコレート

アイスクリーム

ビスケット

パン

ケーキ

キャンディー・飴

九、知识窗

日本的气候

日本横跨大范围纬度，四季分明，南方和北方的气候温度差异明显。2月中旬到5月中旬为春季，看樱花最合适的时间是3月底到4月初。进入夏季以后，30摄氏度以上的高温在日本不足为奇，梅雨季节过后，日本的炎热程度将加剧。这时室外会举办一些大型的烟火表演和夏季游园活动。秋季天气晴朗，风轻云淡。冬季在日本大约持续4个月，南北方的差异明显，在相同的一天里，北海道（北海道）的气温可能会在冰点以下，而南方的冲绳（沖縄）的温度还维持在20摄氏度上下，所以冲绳也成了日本冬日里的暖阳，是冬季日本独一无二的度假胜地。

十、教室用語

- ◇ 読(よ)んでください。／请朗读。
- ◇ 書(か)いてください。／请写下来。
- ◇ 覚(おぼ)えてください。／请记住。
- ◇ 答(こた)えてください。／请回答。
- ◇ 考(かんが)えてください。／请思考一下。

第3课　综合练习

一、请写出下列单词的读音或日语汉字。

1. 「学部」→ _____
2. 「建物」→ _____
3. 「食堂」→ _____
4. 「便利」→ _____
5. 「大学」→ _____
6. 「銀行」→ _____
7. 「雑誌」→ _____
8. 「漫画」→ _____
9. 「りょう」→ _____
10. 「さんがい」→ _____
11. 「かばん」→ _____
12. 「うしろ」→ _____
13. 「つくえ」→ _____
14. 「しんぶん」→ _____
15. 「となり」→ _____
16. 「としょかん」→ _____

二、根据图片完成替换练习。

例1：
A：これは何ですか。
B：それは　本　です。
A：この　本　は誰のですか。
B：私　のです。

カバン
ちょう
張

い す
椅子
やまだ
山田

かさ
傘
きん
金

テレビ
すず き
鈴木

えんぴつ
鉛筆
おう
王

ざっし
雑誌
き むら
木村

しんぶん
新聞
た なか
田中

じ しょ
辞書
ちん
陳

例2：

A:あそこの建物は何ですか。

B:　図書館　です。

A:スーパーはどこですか。

B:　図書館　の隣です。

しょくどう
食堂

ほけんしつ
保健室

ぎんこう
銀行

りょう
寮

こうえん
講演ホール

うんどうじょう
運動場

三、语法练习。

1.在下列括号里添上适当的假名。

例：これ（は）本（で）（す）。

（1）A:この鞄は（　）（　）（　）ですか。

　　B:1880円です。

（2）李さん（　）漫画（　）どれですか。

（3）あそこ（　）日本語学部（　）事務室です。

（4）保健室は（　）（　）ですか。あ（　）建物（　）一階です。

(5) こ（　）英語（　）辞書は私（　）です。そ（　）日本語（　）辞書（　）私（　）です。

(6) スーパーは銀行（　）隣です。（　）（　）（　）便利です。

2. 在正确答案上画〇。

例：（これ、(この)）辞書は私のです。

(1)（これ、この）漫画は田中さんのです。

(2) あれは（だれの、なん）鞄ですか。

(3) あなたの傘は（どの、どれ、どこ）ですか。

(4)（この、どの、これ）は張さんの椅子ですか。

(5) 日本語の雑誌は（だれ、どの、どれ）ですか。

(6) この鉛筆は（だれ、いくら、なん）ですか。

3. 仿照例句，完成句子。

例：これ／鈴木さん／本／の／は／です　→　これは鈴木さんの本です。

(1)　私たち／どれ／本／の／は／か／です

　　→

(2)　あれ／なんの／新聞／は／ですか

　　→

(3)　先生／は／山田さん／日本語／の／です

　　→

(4)　鉛筆／その／は／ですか／の／だれ

　　→

(5) いくら/は/辞書/あの/ですか

　　→

(6) あの/でしょう/の/三階/は/保健室/建物

　　→

四、翻译练习。

1.翻译下列日语句子。

（1）寮はあそこです。あの建物の後ろです。

（2）大学の隣はスーパーです。銀行はスーパーの隣です。とても便利です。

（3）私たちの教室は図書館の後ろです。図書館の前の建物は私たちの寮です。学生の食堂はあの三階（建て）の建物です。

（4）A:それは何の辞書ですか。
B:英語の辞書です。
A:その辞書は木村さんのですか。
B:いいえ、木村さんのではありません。李さんのです。
A:木村さんの辞書はどれですか。
B:あれです。

2.翻译下列汉语句子。

（1）那是英语杂志还是日语杂志？

（2）A:日语系的办公室在哪里？
　　B:在那栋楼的一楼。

A:学校的医务室在哪里？

B:在食堂旁边。

（3）A:那本词典是谁的？多少钱一本？

B:是小张的。1000日元。

五、应用会话练习。

1. 请完成下列对话。

（1）A:_____。

B:田中さんの椅子はあれです。

（2）A:山田さんの本は？

B:これです。

（3）A:この傘は王さん_____ですか。

B:いいえ、わたしの_____。

（4）A:食堂はどこですか？

B: 図書館____後ろ_____。

（5）A:_____。

B:この傘は148元です。

2. 根据下列图画，用学过的句型与同桌针对以下物品进行简单的自由会话。

　　かばん　　　　　　いす　　　　　　かさ　　　　　　テレビ

第二章　第3课

えんぴつ	ざっし	しんぶん	じしょ

【补充单词】

じしょ［辞書］①	（名）	字典
あなた ②	（代）	你
かさ［傘］①	（名）	雨伞
だれ［誰］①	（代）	谁
きみ［君］⓪	（代）	你
ぼく［僕］①	（代）	我（男性用）
いす［椅子］⓪	（名）	椅子
テレビ ①	（名）	电视
えんぴつ［鉛筆］⓪	（名）	铅笔

第4課　昨日は私の誕生日でした

一、ポイント

1. ～は～でした／……是……（判断句 过去时）
2. ～は～ではありませんでした（过去否定）
3. ～は～からです／……从……（から表示起点）
4. ～は～までです／……到……（まで表示终点）
5. ～は～から～までです／……从……到……（表示时间、空间、顺序的起点与终点）

二、例文

1. 昨日は四日で、私の誕生日でした。／昨天是四号，是我的生日。
2. 以前、この辺りは公園ではありませんでした。／以前，这里不是公园。
3. 大学の授業は8時からです。／大学从八点开始上课。
4. 今日のアルバイトは夜10時までです。／今天打工到晚上十点。
5. あの映画は夜10時から11時までです。／那个电影从晚上10点演到11点。

三、会話

王　　華：こんにちは。

おばさん：こんにちは。学校の授業は何時から何時までですか。

王　　華：午前は8時から11時半までで、午後は2時から5時までです。

おばさん：そうですか。アルバイトは。

王　　華：アルバイトは土曜日の午前10時から午後6時までです。

おばさん：昨日は6時まででしたか。

王　　華：いいえ、昨日は6時まででではありませんでした。8時まででした。

おばさん：そうですか。今日は日曜日で、休みでしょう。

王　　華：いいえ、今日も午前10時から午後6時までですよ①。

おばさん：週末は大変ですね②。そうだ③、明日はお誕生日ですね④。

王　　華：はい、そうです。

おばさん：おめでとうございます。これ、お誕生日のプレゼントです。

王　　華：ありがとうございます。

四、短文

　　学校の授業は午前8時から11時半までで、午後は2時から5時までです。昼休みは二時間ぐらいです。日本語の授業は月曜日、火曜日、水曜日の8時からです。木曜日、金曜日は午後2時からです。昨日のアルバイトは夜8時まででした。

　　今日は11月5日で、日曜日です。アルバイトは午前10時から午後6時までです。明日は私の誕生日です。先週の月曜日は友達の誕生日でした。

五、新しい単語

きのう［昨日］②	（名）	昨天
たんじょうび［誕生日］③	（名）	生日
よっか［四日］⓪	（名）	（日期）4号
いぜん［以前］①	（名）	以前
あたり［辺り］①	（名）	附近，周边
こうえん［公園］⓪	（名）	公园
じゅぎょう［授業］①	（名）	授课，教
じ［時］⓪	（名）	点、时间
アルバイト③	（名）	打工
よる［夜］①	（名）	夜晚
えいが［映画］①⓪	（名）	电影

なんじ [何時] ①	（疑问）	几点
～はん [～半] ①	（名）	……半
ごぜん [午前] ①	（名）	上午
ごご [午後] ①	（名）	午后，下午
あした [明日] ③	（名）	明天
にちようび [日曜日] ③	（名）	星期日
やすみ [休み] ③	（名）	休息日
しゅうまつ [週末] ⓪	（名）	周末
たいへん [大変] ⓪	（形动）	真够辛苦
おめでとうございます	（寒暄）	恭喜，贺喜
プレゼント ②	（名）	礼物
ひるやすみ [昼休み] ③	（名）	午休
にじかん [二時間] ②	（名）	两个小时
ぐらい ⓪	（副助）	大约
げつようび [月曜日] ③	（名）	星期一
かようび [火曜日] ②	（名）	星期二
すいようび [水曜日] ③	（名）	星期三
もくようび [木曜日] ③	（名）	星期四
きんようび [金曜日] ③	（名）	星期五
～がつ [～月]	（名）	……月份
いつか [5日] ⓪	（名）	（日期）5号
どようび [土曜日] ③	（名）	星期六
せんしゅう [先週] ⓪	（名）	上周
ともだち [友達] ⓪	（名）	朋友

六、語彙説明

1.「よ」

「よ」是终助词，是强调自己的判断或主张以及就对方没有注意到的、应该知道或者应该做的事项加以告知、提醒或者指示、命令时使用的。

例：A：明日(あした)は休(やす)みでしょう。（明天休息吧？）

B：いいえ、授業(じゅぎょう)ですよ。（不是，明天上课。）

2.「ね」

「ね」是终助词，表示以双方对于谈论的问题具有共同的了解或者具有共识为基础，对于对方表示赞同；或就自己的推论、判断以及感叹的心情求取对方的认同或共鸣。

A：週末は大変ですね。（周末够辛苦的了。）

B：そうですね。（是啊。）

3.「そうだ」

「そうだ」是「そうです」的简体方式。用于简体会话中。本课是属于突然想起的自言自语。相当于汉语的"哦，对了……"。

4.「お誕生日」

「お誕生日(たんじょうび)」中的「お」是美化语。用在别人的事情或者东西前面，表示礼貌或者尊敬。例：お天気(てんき)。

5. 数量词的读法

（1）时间

時間		小时	
中国語	日本語	中国語	日本語
1点	1時② (いちじ)	1小时	1時間③ (いちじかん)
2点	2時① (にじ)	2小时	2時間② (にじかん)
3点	3時① (さんじ)	3小时	3時間③ (さんじかん)
4点	4時① (よじ)	4小时	4時間② (よじかん)
5点	5時① (ごじ)	5小时	5時間② (ごじかん)

	ろくじ 6時②		ろくじかん 6時間③
6点	6時②	6小时	6時間③
7点	しちじ 7時②	7小时	しちじかん 7時間③
8点	はちじ 8時②	8小时	はちじかん 8時間③
9点	くじ 9時①	9小时	くじかん 9時間②
10点	じゅうじ １０時①	10小时	じゅうじかん １０時間③
11点	じゅういちじ １１時④	11小时	じゅういちじかん １１時間⑤
12点	じゅうにじ １２時③	12小时	じゅうにじかん １２時間④
几点	なんじ 何時①	几小时	なんじかん 何時間

（2）月份的读法

いちがつ １月④	にがつ ２月①	さんがつ ３月①	しがつ ４月⓪	ごがつ ５月①	ろくがつ ６月④	しちがつ ７月④
はちがつ ８月④	くがつ ９月①	じゅうがつ １０月①	じゅういちがつ １１月⑥	じゅうにがつ １２月③	なんがつ 何月①	

注意：日语的4月和9月分别读为："しがつ"和"くがつ"。

（3）日期的读法

ついたち １日④	ふつか ２日⓪	みっか ３日⓪	よっか ４日⓪	いつか ５日⓪	むいか ６日⓪	なのか ７日⓪
ようか ８日⓪	ここのか ９日⓪	とおか １０日⓪	じゅういちにち １１日	じゅうににち １２日	じゅうさんにち １３日	じゅうよっか １４日
じゅうごにち １５日	じゅうろくにち １６日	じゅうしちにち １７日	じゅうはちにち １８日	じゅうくにち １９日	はつか ２０日	にじゅういちにち ２１日
にじゅうににち ２２日	にじゅうさんにち ２３日	にじゅうよっか ２４日	にじゅうごにち ２５日	にじゅうろくにち ２６日	にじゅうしちにち ２７日	にじゅうはちにち ２８日
にじゅうくにち ２９日	さんじゅうにち ３０日	さんじゅういちにち ３１日	なんにち 何日①			

注意：汉语的"～号"日语用「～日」来表示。「１日～10日」是训读，「１１日～３１日」大部分是音读，（其中「１４日」和「２４日」是音训混读，「２０日」是训读）。

（4）星期的读法

星期一	星期二	星期三	星期四
げつようび 月曜日 ③	かようび 火曜日 ②	すいようび 水曜日 ③	もくようび 木曜日 ③
星期五	星期六	星期日	星期几
きんようび 金曜日 ③	どようび 土曜日 ②	にちようび 日曜日 ③	なんようび 何曜日 ③

注意：口语中星期的表达方式也可以把「日」省略掉，如「水曜日」可以说成「水曜」或「水」。

七、文法と文型

1. 体言は体言 でした

「でした」是断定助动词「です」的过去时。表示对过去的事情或者已经完了的事情给予肯定的断定。

- ✧ 昨日は休日でした。／昨天是休息日。
- ✧ 先週の日曜日は私の友達の誕生日でした。／上周的星期天是我朋友的生日。

2. 体言は体言ではありませんでした

「ではありませんでした」是「ではありません」的过去时。表示对过去的事情或者已经完了的事情给予否定的断定。

- ✧ 昨日は休日ではありませんでした。／昨天不是休息日。
- ✧ 先週の日曜日は私の誕生日ではありませんでした。／上周的星期天不是我生日。

3. 体言から体言までです

助词「から」接在体言后，表示时间和空间的起点，意为"从……起"；「まで」接在体言后，表示时间和空间的终点，意为"到……为止"；二者也可以分开单独使用。

- ✧ 大学は午前8時から午後5時半までです。／大学的课从上午8点到下午5点半。
- ✧ 美術館は午前9時から午後5時までです。／美术馆从上午9点开放到下午5点。
- ✧ 夏休みは明日までです。／暑假是到明天结束。
- ✧ 冬休みは何日からですか。／寒假是从几号开始？

八、気軽に勉強しよう

好きな動物(す)(どうぶつ)

タイガー・トラ［虎］　　うま［馬］　　サル［猿］　　ゾウ［象］

ライオン　　カエル［蛙］　　うさぎ［兎］　　パンダ

九、知识窗

效率笔记本

在日本，效率笔记本（手帐(てちょう)）几乎是必备品，从学生到上班族，乃至家庭主妇，几乎是人手一本。这个笔记本主要记录平时的一些杂事和日程安排等。也就是我们所说的效率笔记本。我们都知道，日本是一个经济高度发达的国家，因此非常讲

求效益与速率，时间对于人而言，无异于金钱与生命。日本人相信，事前的预见、周密的计划，会带来事半功倍的效果。同时，日本又是一个重礼仪、多交际、办事认真的国家，诸如任务、工作、出差、约会、通知等，如果不能恪守时间，不但会影响工作、影响他人，与己也不利。古语说，"好记性不如烂笔头"，一本效率笔记本在手，常常翻看，便能起到提醒的作用。

十、教室用語

- よく聞(き)いてください。／请认真听。
- よく見(み)てください。／请认真看。
- 黒板(こくばん)を見(み)てください。／请看黑板。
- 暗唱(あんしょう)してください。／请背诵。
- 質問(しつもん)はありませんか。／还有什么问题吗?

第4课综合练习

一、请写出下列单词的读音或日语汉字。

1. 「映画」→ _____
2. 「午後」→ _____
3. 「先週」→ _____
4. 「公園」→ _____
5. 「昨日」→ _____
6. 「授業」→ _____
7. 「ともだち」→ _____
8. 「たいへん」→ _____
9. 「かようび」→ _____
10. 「ひるやすみ」→ _____
11. 「すいようび」→ _____
12. 「しゅうまつ」→ _____

二、用线把下列单词和对应的发音连起来。

月曜日	すいようび
火曜日	なんようび
水曜日	もくようび
木曜日	にちようび
金曜日	げつようび
土曜日	かようび
日曜日	きんようび
何曜日	どようび

三、替换练习。

1. 例：今日(きょう)は何曜日(なんようび)ですか。→ 今日は<u>日曜日</u>です。
   昨日(きのう)は何曜日でしたか。→ 昨日は<u>土曜日</u>でした。
   明日(あした)は何曜日ですか 。→ 明日は<u>月曜日</u>です。

   （1）金曜日　　（2）水曜日　　（3）木曜日　　（4）月曜日

2. 例：昨日／雨 → ___昨日___は___雨___でした。

   (1) 昨日／私の誕生日 →
   (2) 以前／この辺りは公園 →
   (3) 先週の金曜日／先生の誕生日 →
   (4) 週末／大変 →

3. 例： ___大学の授業___は何時___から何時___までですか。
   → ___午前8時___から___午後4時半___までです。

   (1) 図書館（午前8：00〜午後10：00）→
   (2) 会議（9：00〜11：20）→
   (3) あの映画（夜8：30〜12：00）→
   (4) 休日（11月4日〜5日）→
   (5) アルバイト（土曜日〜日曜日）→
   (6) 美術館（月曜日〜金曜日）→

4．例：授業は何時からですか → 授業は午前8時からです。

   (1) 今日は何曜日ですか →
   (2) 昨日は何月何日でしたか →
   (3) アルバイトはいつからいつまでですか →
   (4) この鞄はいくらですか →

四、语法练习。

1. 在下列括号里填上适当的假名。

例：王さんの誕生日はいつ（で）（す）（か）。

(1) 昨日は李さんの誕生日（　）（　）（　）。
(2) 来週の月曜日は私の誕生日（　）（　）。
(3) 会議は何時（　）（　）何時（　）（　）ですか。
(4) 授業は8時（　）（　）11時半（　）（　）です。
(5) 明日は土曜日（　）、休み（　）（　）。
(6) 父の誕生日は（　）月（　）日ですか。
(7) 先週の月曜日は新学期の初日（　）（　）（　）。

2. 请用给出的单词完成句子。

例： 私の／は／昨日／誕生日／でした →昨日は私の誕生日でした。

(1) 月曜日／は／金曜日／授業／まで／から／です→

(2) 昨日／ありません／では／は／でした／水曜日→

(3) 明日／君／は／誕生日／でしょう／の　→

(4) 映画／です／から／は／6時半→

五、翻译练习。

1. 翻译下列日语句子

(1) 今日は日曜日で休みでしょう。

(2) スーパーは午前7時から夜10時までです。

（3）すみません、図書館は何時までですか。

（4）日本語の授業は月曜日から金曜日までで、土曜日と日曜日は休みです。

2. 翻译下列汉语句子。

（1）现在几点了？

（2）今天是星期几？

（3）昨天是几月几日？

（4）上午课从几点上到几点？

（5）这本英语书多少钱？

六、应用会话练习。

1. 请完成下列对话。

（1）A：今日は＿＿＿＿＿＿＿＿ですか。
　　　B：水曜日です。

（2）A：日本の新年は＿＿＿＿＿＿＿＿か。
　　　B：＿＿＿＿＿＿＿＿です。

（3）A：今日は＿＿＿＿＿＿＿＿か。
　　　B：今日は8月20日です。

（4）A：これは＿＿＿＿＿＿＿＿。お誕生日おめでとうございます。
　　　B：ありがとうございます。

（5）A：休みは＿＿＿＿＿＿＿＿ですか。
　　　B：休みは金曜日から月曜日までです。

【补充单词】

きゅうじつ［休日］⓪	（名）	休息日
びじゅつかん［美術館］③	（名）	美术馆
なつやすみ［夏休み］③	（名）	暑假
ふゆやすみ［冬休み］③	（名）	寒假
なんようび［何曜日］③	（疑问）	星期几
かいぎ［会議］①	（名）	会议
らいしゅう［来週］⓪	（名）	下周
なんがつ［何月］①	（名）	几月
なんにち［何日］①	（名）	几日
ちち［父］①⓪	（名）	父亲
しんねん［新年］①	（名）	新年
いつ①	（疑问）	什么时候

第5課　キャンパスに花と木があります

一、ポイント

1. ～に～があります／在……有……（表示无生命）

   ～に（は）～はありません／在……没有……

2. ～に～がいます／在……有……（表示有生命）

   ～に（は）～はいません／在……没有……

3. ～は～にあります（ありません）／……在（不在）……

   ～は～にいます（いません）／……在（不在）……

4. ～や～や～などがあります（います）／有……等

二、例文

1. キャンパスに何がありますか。／校园里有什么？

   キャンパスに花と木があります。／校园里有花和树木。

   キャンパスに（は）池はありません。／校园里没有水池。

2. 外国語学部にロシア人留学生が二人います。／外语系有两名俄罗斯留学生。

   外国語学部に（は）日本人留学生はいません。／外语系没有日本留学生。

3. スーパーはどこにありますか。／超市在哪儿？

   スーパーは大学の隣にあります。／超市在学校的旁边。

   李さんはエレベーターの前にいます／小李在电梯的前面。

4. 寮に何がありますか。／宿舍里有什么？

　　寮に椅子や机や本棚などがあります。／宿舍里有椅子、桌子和书架等。

　　広場に子供や老人や外国人などがいます。／广场上有小孩、老人、和外国人等。

三、会話

留学生：すみません、留学生センターはどこですか。

受付：留学生センターですか。あそこに緑のビルがありますね。あのビルの二階です。

留学生：わかりました、ありがとうございます。

（留学生センターで）

留学生：すみませんが、韓国人の留学生の金です②。ちょっとお尋ねしますが③。

事務員：はい、なんでしょうか④。

留学生：この学校には韓国人の留学生がいますか。

事務員：はい、います。10人いますよ。

留学生：そうですか。

事務員：ええ。

留学生：寮にエアコンや冷蔵庫などがありますか。

事務員：エアコンがあります。冷蔵庫はありません。

留学生：では、洗濯機はありますか。事務員：はい、あります。洗濯機は一階の左の奥にあります。

留学生:わかりました。どうも、ありがとうございます。

四、短文

ここは外国語職業学院です。学院には英語や日本語やロシア語などがあります。留学生が30人います。外国人の先生が5人います。

あそこの緑のビルは本館です。日本語研究室はその本館の3階にあります。研究室にコンピューターが3台とプリンターが1台あります。雑誌や新聞や漫画などもあります。

学生の寮は運動場の側にあります。寮には机が4つと椅子が6つあります。冷蔵庫と洗濯機はありません。運動場の左は憩いの場所です。大学のキャンパスには花や、椰子の木などがたくさんあります。

五、新しい単語

キャンパス[campus] ①	(名)	校园
はな[花] ②	(名)	花
き[木] ①	(名)	树，木
いけ[池] ②	(名)	池塘
がいこくご[外国語] ⓪	(名)	外语
ロシアじん ⓪	(专)	俄罗斯人
ふたり[二人] ⓪	(名)	两个人
エレベーター ③	(名)	直升电梯
ほんだな[本棚] ①	(名)	书架
ひろば[広場] ①	(名)	广场
こども[子供] ⓪	(名)	小孩
ろうじん[老人] ⓪	(名)	老人
がいこくじん[外国人] ④	(名)	外国人
センター ①	(名)	中心
みどり[緑] ①	(名)	绿色

ビル ①	（名）	大楼，大厦
ちょっと ①	（名）	一下，一点
おたずねします ［お尋ねします］⑥	（连语）	询问；请问
なんでしょうか	（连语）	什么事情
ええ	（感）	嗯
エアコン ⓪	（名）	空调
れいぞうこ ［冷蔵庫］③	（名）	冰箱
では	（接续）	那么（话题转换）
せんたくき ［洗濯機］⑤	（名）	洗衣机
ひだり ［左］⓪	（名）	左侧
おく ［奥］①	（名）	里头，内部
ロシアご ［ロシア語］⓪	（名）	俄语
ほんかん ［本館］①	（名）	主楼，正楼
けんきゅうしつ ［研究室］③	（名）	研究室
コンピューター ③	（名）	电脑
だい ［台］②	（名）	台（打印机）
プリンター ⓪	（名）	打印机
そば ［側］①	（名）	旁边
よっつ ［4つ］⓪	（名）	4个
むっつ ［6つ］⓪	（名）	6个
いこい ［憩い］②	（名）	休息
ばしょ ［場所］⓪	（名）	地方，位置
やしのき ［椰子の木］⓪	（名）	椰子树
たくさん ［沢山］⓪③	（名・形动）	很多，许多

六、語彙説明

1. 「～人」是接尾词，接在表示国家、地域、职业、人种等词的后面。发音为「じん」。

　①接在国家名称后面，表示国籍。

　　中国人　　日本人　　韓国人　　ロシア人

　②接在地域及时代名称后面，表示某一群体。

東洋(とうようじん)　西洋人(せいようじん)　原始人(げんしじん)　現代人(げんだいじん)

③接在表示职业的词的后面，表示职业、性质。

知識人(ちしきじん)　学校法人(がっこうほうじん)　芸能人(げいのうじん)

2. すみませんが、韓国人の留学生の金です①。／您好，我是韩国留学生，姓金。

此处的"が"是接续助词。接口语终止形后表示展开谈话，从引言进入正题。相当于汉语的"不好意思，打扰一下"的意思。课文中的「すみませんが」「ちょっと、お尋ねしますが」句子中的「が」也与此相同。

此处的"の"表示关系、地位是同格。例：友達の阿華です。／我的朋友阿华。

会長の鈴木さんです。／会长铃木先生。

3. ちょっとお尋ねしますが②。／我想请问一下。「ちょっと」意思是"……一下"。「お尋ねします」在以后的课文中会学到，它是动词「尋ねる」的自谦形式，表示谦虚地询问对方某事。「が」是接续助词，接在终止形后面，表示展开谈话。

4. なんでしょうか③。／请问您有什么事呢？「なん」也写作「何」，意思是"什么"。「でしょう」是「です」的推量形，表示很有礼貌地问回应对方。

七、文法と文型

1. 存在句

日语句中以动词「ある」「いる」作谓语，表示物体、人或动物等存在的句子一般称之为存在句。表示诸如花草、桌椅等无生命的物体的存在时要用「あります」（动词「ある」的敬体表达形式）。表示有生命的人与动物的存在时，要用「います」（动词「いる」的敬体表达形式）。存在句的基本句型有两种，一种是表示"……在……"，另一种是"……

有……"。

(1)　体言に体言があります／在……有……　（肯定）

　　　体言に（は）体言はありません／在……没有……　（否定）

　　此句型表示"在某处有什么东西"。「に」是格助词，接在表示场所的名词后，表示事物存在的场所。「が」是主格助词，表示存在的主体；「あります」表示「无生命」的某事物的存在。「ありません」是「あります」的否定形式。「には」是格助词「に」和「は」的重叠。「は」是提示助词，可与「に（は）」「で（は）」「へ（は）」等重叠使用，起加强语气和强调的作用。此处的「には」表示事物存在的地点，也有对比的含义。「ありません（いません）」前面的「は」起加强语气引出否定的作用。

- ◇　教室に机があります。／教室里有桌子。
- ◇　図書館に本棚があります／图书馆里有书架。
- ◇　図書館には洗濯機はありません。／图书馆里没有洗衣机。

(2)　体言に体言がいます／在……有……（肯定）

　　　体言に（は）体言はいません。／在……没有……（否定）

　「います」表示有「生命的某人或某个生命物体的存在」；「いません」是「います」的否定形式。表示在那有谁的时候用「あそこに誰がいますか」。

- ◇　王さんの隣に誰がいますか。／在小王旁边的是谁？
  　　陳さんと李さんがいます。／有小陈和小李在。
- ◇　食堂に学生が30人います。／食堂里有30个学生。

- 寮には学生はいません。／宿舍里没有学生。

注：疑问词接「が」提出问题时，回答也要用「が」。

- どれが君の机ですか。／哪个是你的桌子？

  これが僕の机です。／这个是。

- 寮にだれがいますか。／谁在宿舍？

  張さんと李さんがいます。／小张和小李（在宿舍）。

（3）体言は体言にあります／……在……（肯定）

　　　体言は体言にありません／……不在……（否定）

- 憩いの場所はどこにありますか。／在哪有休息的地方？

  運動場のそばにあります。／在运动场的旁边有。

- 食堂はどこにありますか。／食堂在哪？

  食堂は事務室の後ろにあります。／食堂在办公室后面。

（4）体言は体言にいます／……在……（肯定）

　　　体言は体言にいません／……不在……（否定）

- 鈴木さんはどこにいますか。／铃木在哪呢？

  鈴木さんは寮にいます。／铃木在宿舍。

- 先生は事務室にいますか。／老师在办公室吗？

  いいえ、（先生は）事務室にいません。／老师不在办公室。

上面的3、4句型表示"某物（某人）在某处，或不在某处"。「は」提示存在的

东西或人；「に」表示存在的场所；「あります」表示存在某事物；「います」表示存在某人或动物。

2. 日语方位词的读法

うえ	した	みぎ	ひだり	まえ	うしろ	そば	となり	なか	おく
上	下	右	左	前	後ろ	側	隣	中	里头、内

日语表达具体位置时，用"体言＋の＋上・下・左・右・前・後ろ・そば・隣・中・奥"此句型表示某物或某人在某场所的位置。

- ◆ 辞書は机の上にあります（本は机の上です）。／书在桌子上。

- ◆ 傘は椅子の下にあります（傘は椅子の下です）。／伞在椅子下面。

- ◆ 鈴木さんは王さんの後ろにいます（鈴木さんは王さんの後ろです）。／铃木在小王后面。

- ◆ スーパーは銀行の隣にあります（スーパーは銀行の隣です）。／超市在银行旁边。

- ◆ 洗濯機は一階の左の奥にあります。／洗衣机在一楼左边的尽头。

※ 汉语说"桌子上""椅子下"，但日语要说「机の上」、「椅子の下」，「の」不能省略。

3. 体言や体言や体言などがあります（います）／有……等

「や」是格助词，接体言后表示并列。「など」是副助词，表示相同事物的列举，把说话人认为比较典型的A和B等并列起来，暗示还有其他同类的人或事物等。也可用一个「や」。

- ◆ 図書館に机や、椅子などがあります。／图书馆有桌子、椅子等。

- ◆ 寮に洗濯機やテレビなどがあります。／宿舍里有洗衣机、电视机等。

✧　<ruby>机<rt>つくえ</rt></ruby>の<ruby>上<rt>うえ</rt></ruby>に<ruby>鉛筆<rt>えんぴつ</rt></ruby>や、<ruby>辞書<rt>じしょ</rt></ruby>などがあります。／桌子上有铅笔和字典等。

4. 日语年龄、人数、个数、台的读法

年龄		人数		個数			
中国語	日本語	中国語	日本語	中国語	日本語	中国語	日本語
1岁	いっさい 1歳①	1人	ひとり 一人②	1	ひと 一つ②	1台	いちだい 1台②
2岁	にさい 2歳①	2人	ふたり 2人⓪ ／ ににん 2人①	2	ふた 二つ⓪	2台	にだい 2台①
3岁	さんさい 3歳①	3人	さんにん 3人③	3	みっ 三つ⓪	3台	さんだい 3台①
4岁	よんさい 4歳①	4人	よにん 4人②	4	よっ 四つ⓪	4台	よんだい 4台①
5岁	ごさい 5歳①	5人	ごにん 5人①	5	いつ 五つ②	5台	ごだい 5台⓪
6岁	ろくさい 6歳②	6人	ろくにん 6人③	6	むっ 六つ⓪	6台	ろくだい 6台②
7岁	ななさい 7歳②	7人	ななにん 7人② ／ しちにん 7人②	7	なな 七つ②	7台	ななだい 7台②
8岁	はっさい 8歳①	8人	はちにん 8人②	8	やっ 八つ⓪	8台	はちだい 8台②
9岁	きゅうさい 9歳①	9人	きゅうにん 9人①	9	ここの 九つ②	9台	きゅうだい 9台①
10岁	じゅっさい １０歳 ／ じっさい １０歳①	10人	じゅうにん １０人①	10	とお 十①	10	じゅうだい １０台①
20岁	はたち 20歳①						
几岁	いくつ① ／なんさい 何歳①	几人	なんにん 何人③	几个	いくつ①	几台	なんだい 何台①

※问年龄的时候，常用"おいくつですか"，回答时要注意不同年龄的说法。

　　如："<ruby>七歳<rt>ななさい</rt></ruby>""<ruby>十歳<rt>じっさい</rt></ruby>""<ruby>二十歳<rt>はたち</rt></ruby>"。

八、気軽に勉強しよう

服(ふく)

コート　　半ズボン(はん)　　Tシャツ　　スーツ

セーター　　ジーンズ　　ワンピース　　スカート

九、知识窗

和服

和服(わふく)是日本传统民族服装。有1000多年的历史。和服不仅有男女之分，还有婚否之别。因此制作样式及图案有所不同。生活中的便服多以棉布料为主，休闲或洗浴后穿。礼服一般是出席成人式、婚礼、葬礼、祭礼等庄重的场合穿。日本的和服做工考究，面料图案种类繁多，看上去高贵典雅。但是穿戴起来十分繁琐。如今一般生活中基本不穿，只有在庆典、节日时才穿。

十、教室用語

- 大(おお)きい声(こえ)で言(い)ってください。／请大点声说。

- もう一度(いちど)言(い)ってください。／请再说一遍。

- 日本語(にほんご)で言(い)ってください／请用日语讲。

- 静(しず)かにしてください。／请安静。

- 遅刻(ちこく)しないでください。／请不要迟到。

第5课综合练习

一、请写出下列单词的读音或日语汉字。

1. 「ほんかん」→ _____
2. 「みどり」→ _____
3. 「ひろば」→ _____
4. 「ばしょ」→ _____
5. 「いこい」→ _____
6. 「ろうじん」→ _____
7. 「本棚」→ _____
8. 「冷蔵庫」→ _____
9. 「研究室」→ _____
10. 「子供」→ _____
11. 「洗濯機」→ _____
12. 「二人」→ _____

二、替换练习。

1. 例：机の上／雑誌 → <u>机の上に雑誌</u>があります。

　　　　　　　　　→ <u>机の上に雑誌</u>はありません。

(1) 鞄の中に／雑誌と新聞 →

(2) 寮の前に／運動場 →

(3) 銀行の隣／喫茶店 →

(4) 研究室の左／お手洗い →

(5) 冷蔵庫のそば／洗濯機 →

2. 例：広場／子供 → <u>広場に子供</u>がいます。

　　　　　　　　→ <u>広場に（は）子供</u>はいません。

(1) 図書館／留学生　　　　→

(2) エレベーターの前／老人と子供→

(3) 三階の研究室／先生　　　→

(4) 1階の寮／張さん　　　　→

(5) 喫茶店／二人のロシヤ人　→

3.例：本棚／本／たくさん→本棚に本がだくさんあります。
　　(1) 冷蔵庫の中／りんご／4個　　　　→
　　(2) 事務室の中／コンピューター／2台　→
　　(3) 財布の中／お金／200円　　　　　→
　　(4) 憩いの場所／椅子／六つ　　　　　→

4.例：日本語学部はどこにありますか。
　　　　→　日本語学部は1階にあります。／1階です。
　　(1) 英語学部／本館の隣　→
　　(2) お手洗い／教室の左　→
　　(3) 雑誌と漫画／鞄の中　→
　　(4) いすと机／部屋の中　→

5. 例：陳さん／机の後ろ　→　陳さんはどこにいますか。→　机の後ろにいます。

(1) 山田さん／部屋　　　　　→
(2) 猫／机の下　　　　　　　→
(3) 魚／池の中　　　　　　　→
(4) 鈴木さん／留学生の寮　　→
(5) 李さん／三階の事務室　　→

6. 例：家／テレビ／冷蔵庫／洗濯機

　　→　家にはテレビや冷蔵庫や洗濯機などがあります。

(1) 寮／机／いす／本棚　　　　　　→
(2) 机の上／新聞／辞書／雑誌　　　→
(3) 学校／図書館／食堂／スーパー　→
(4) 庭／花／池／椰子の木　　　　　→

三、语法练习。

1. 在下列括号里添上适当的假名。

例：学生（は）部屋（に）います。

(1) お手洗い（　）事務室（　）右にあります。
(2) 張さん（　）どこ（　）いますか。
(3) 誰（　）寮（　）いますか。
(4) あの五階の建物（　）隣（　）スーパー（　）あります。
(5) 部屋（　）（　）机と椅子（　）四つあります。
(6) 図書館（　）辞書（　）雑誌（　）新聞（　）（　）があります。
(7) 財布（　）（　）お金（　）10元ありません。

2. 选择下面的词完成句子。

あります　　います　　です　　ありません　　いません

(1) 図書館に漫画が＿＿＿＿＿＿＿＿＿＿。

(2) キャンパスには銀行は＿＿＿＿＿＿＿＿＿＿。

(3) 食堂は教室のそば＿＿＿＿＿＿＿＿＿＿。

(4) 張さんは寮に＿＿＿＿＿＿＿＿＿＿。

(5) 広場には老人は＿＿＿＿＿＿＿＿、子供がいます。

3. 仿照例句完成句子。

例：あそこ／います／が／か／だれ／に　→　あそこにだれがいますか。

(1) スーパー／そば／の／に／が／喫茶店／あります→

(2) あります／雑誌／どこ／は／に／か→

(3) だれ／寮／が／に／か／います→

(4) 大学／日本人／先生／の／5人／います／が／に→

四、应用会话练习。

1. 请完成下列对话。

(1) A:あのう、＿＿＿＿＿＿＿＿、エレベーターは＿＿＿＿＿＿＿＿＿＿。

　　B:あそこです。

(2) A:英語学科の学生は何人いますか。

　　B:150人＿＿＿＿＿＿＿＿。

(3) A: 寮に_____。
    B: 張さんがいます_____。

(4) A: どれが君の辞書ですか_____。
    B: _____。

(5) A: _____。
    B: 冷蔵庫に魚がいます

五、翻译练习。

1. 翻译下列日语句子。

(1) すみません、外国語学部の事務室はどこですか。

(2) 外国語学部ですか、あちらの5階建ての建物がありますね。あの建物の中にあります。

(3) すみませんが、韓国人の留学生の金です。ちょっとお尋ねしますが。

(4) 寮には机が4つと椅子が6つあります。

2. 翻译下列汉语句子。

(1) 我有一只猫。

(2) 桌子上有一台电视。

(3) 留学生宿舍里有空调。

(4) 超市的二楼有洗手间吗?

(5) 办公室有5台电脑，2台打印机。

【补充单词】

いくつ ①	（疑问）	几个，几岁
うえ ［上］ ⓪	（名）	上方
した ［下］ ⓪	（名）	下方
きっさてん ［喫茶店］ ⓪②	（名）	咖啡馆，茶馆
おてあらい ［お手洗い］ ③	（名）	洗手间
ねこ ［猫］ ①	（名）	猫
なか ［中］ ①	（名）	里，中
リンゴ ⓪	（名）	苹果
さいふ ［財布］ ⓪	（名）	钱包
おかね ［お金］ ⓪	（名）	金钱
むっつ ［六つ］ ⓪	（名）	6个
いぬ ［犬］ ⓪	（名）	狗
さかな ［魚］ ⓪	（名）	鱼
へや ［部屋］ ⓪	（名）	屋子

第6課　今日は暑いです

一、ポイント

1. ～は形容詞＋です（肯定）
2. 形容詞く形＋ありません（くないです）（否定）
3. 形容詞去掉い＋かったです（过去时）
4. 形容詞く形＋ありませんでした（くなかったです）（过去否定）
5. 形容詞基本型+名詞（做定语）
6. 接続助詞が（顺接，逆接）

二、例文

1. 日本語の先生は厳しいです。／日语老师很严厉。
2. 冬の海南島は寒くありません。（冬の海南島は寒くないです。）／海南岛冬天不冷。
3. 去年の冬は暖かかったです。／去年是暖冬。
4. 去年の夏は暑くありませんでした。（去年の冬は寒くなかったです。）

　　／去年的夏天不热。（去年的冬天不冷。）
5. 海南島には美味しい果物がたくさんあります。／海南有很多好吃的水果。
6. 昨日は寒かったですが、今日は暖かいです。

　　／昨天很冷，但今天挺暖和。

　　すみません。ちょっとお尋ねしますが、美術館はどこですか。

　　／打扰了，请问美术馆在哪儿？

三、会話

（海南にいる王さんと東北にいるお母さんとの電話）

王龍さん：もしもし①、母さん？
お母さん：あ、龍ちゃん。元気？

王龍さん：元気ですよ。母さんは。

お母さん：ちょっと風邪なんですが②…ここは昨日マイナス9度で、寒かったです。

王龍さん：へえ、ここはまだプラス30度ですよ。

お母さん：30度？うらやましいですね。

王龍さん：昨日は35度でしたよ。暑かったです。

お母さん：学校の授業は忙しいですか。

王龍さん：昨日は忙しくなかったですが、今日は忙しいです。でも、毎日楽しいです。

お母さん：いいですね。海南の料理はどうですか。

王龍さん：とても美味しいです。

四、短文

　　私は今海南の大学にいます。今は12月ですが、まだまだ暑いです。去年の12月も寒くありませんでした。ここの冬は寒くありません。とても暖かいです。私の故郷は東北です。東北の冬はとても寒いです。

　　海南の人口は多くありません。観光客が多いです。海岸線が美しいです。海南料理は辛くないです。美味しい魚料理がたくさんあります。旬の果物もたくさんあります。ココナッツジュースが美味しいです。

　　学校の授業は面白いです。前の日本語の先生は優しかったですが、今の新しい日本語の先生は厳しいです。英語の先生はアメリカ人で、面白い人です。毎日楽しいです。

五、新しい単語

あつい［暑い］②	（形）	热，热的
きびしい［厳しい］③	（形）	严厉，严格
ふゆ［冬］②	（名）	冬天，冬季
かいなんとう［海南島］⓪	（专）	海南岛（地名）
さむい［寒い］②	（形）	冷，冷的

きょねん [去年] ①	（名）	去年
あたたかい [暖かい] ④	（形）	温和，暖和
なつ [夏] ②	（名）	夏天，夏季
おいしい [美味しい] ③⓪	（形）	好吃；鲜美；清新
くだもの [果物] ②	（名）	水果
とうほく [東北] ⓪	（名）	东北
おかあさん [お母さん] ②	（名）	母亲，妈妈
もしもし ①	（感）	喂…
でんわ [電話] ⓪	（名）	电话
おうりゅう [王龍] ⓪	（专）	王龙（人名）
ちゃん ⓪	（接尾）	亲切地称呼人时的用语
げんき [元気] ①	（名・形动）	元气，精神，活泼
かぜ [風邪] ⓪	（名）	感冒
マイナス ⓪	（名）	零下；减号
ど [度] ⓪	（名）	度数
へえ	（感）	表示惊讶等
まだ ①	（副）	还
プラス ①	（名）	零上；加号
うらやましい ④	（形）	羡慕
いそがしい [忙しい] ④	（形）	忙
でも ①	（接续）	但是
まいにち [毎日] ①	（名）	每天
たのしい [楽しい] ③	（形）	快乐，高兴，开心
いい ①	（形）	好，良，善
りょうり [料理] ①	（名）	料理，菜
どう ①	（疑问）	怎么样
いま [今] ①	（名）	现在
まだまだ ①	（副）	还，仍，尚
ふるさと [故郷] ②	（名）	故乡
じんこう [人口] ⓪	（名）	人口
おおい [多い] ①	（形）	多的
かんこうきゃく [観光客] ③	（名）	观光客，游客
かいがんせん [海岸線] ⓪	（名）	海岸线

うつくしい［美しい］④	（形）	美，优美
からい［辛い］②	（形）	辣的
さかなりょうり［魚料理］④	（名）	鱼肉料理
しゅん［旬］⓪	（名）	时令、旺季、应时
ココナッツジュース⑤	（名）	椰汁
おもしろい［面白い］④	（形）	有趣
やさしい［優しい］③	（形）	和善，温柔
あたらしい［新しい］④	（形）	新的
ひと［人］⓪	（名）	人

六、語彙説明

1.「もしもし」

　　是接电话时的用语，相当于汉语的"喂，喂……"。

　　例：もしもし、王さんがいますか。／喂，喂……，小王在吗？

2.「風邪なんですが」／有点感冒了。

　　是「風邪なのですが」的口语音变形式。即「ん」是由「の」变来的，句末出现的「のです」可以给句子增添一种解释说明的语气。比如，「私は日本語学部の一年生なのです。」就比「私は日本語学部の一年生です」从语气上更强调一些，有一种向对方解释说明的感觉。而「のです」在接续上，前面是名词和形容动词时要变为「なのです」，而在形容词和动词之后就直接为「のです」。在后面的课文中详讲。

七、文法と文型

　　形容词、形容动词、动词三者统称为用言。用言是用来叙述事物的动作、存在、状态等，它可以单独构成谓语。用言的词尾都有变化，词的变化称为活用。以形容词、形容动词作谓语结句的句子称为描写句。

　　日语中形容词以「い」结尾。如：「寒い、暑い、忙しい」。形容词主要描述人的情感以及人或事物的性质、状态、程度等。形容词的词形变化称为活用，活用只限于词尾部

分，不发生变化的部分叫词干。形容词未经变化的词形叫原形或基本形，有的教材称为"い形容词"或"1类形容词"。本书以日本语教育词典为基准，称为基本形。形容词基本形后加"です"，是敬语的表达方式。例如:「暑いです」、「寒いです」。

暑	い	です。	寒	い	です。
⇩	⇩	⇩	⇩	⇩	⇩
词干	词尾	敬体	词干	词尾	敬体

把形容词词尾「い」变成「く」，叫形容词く形。有的教材中称为形容词连用形。

1. 形容词的肯定形

～は形容词基本形＋です

◆日本料理はおいしいです。／日本料理很好吃。

◆あの映画は面白いです。／那部电影很有意思。

2. 形容词的否定形

形容词く形＋「ありません」或者「ないです）」。

◆父は厳しくありません（厳しくないです）。／爸爸不严厉。

◆仕事は忙しくありません（忙しくないです）。／工作不忙。

3. 形容词的过去形

形容词的过去形是将词尾的「い」变成「かったです」

◆昨日は寒かったです。／昨天很冷。

◆先週は忙しかったです。／上周忙。

4. 形容词的过去否定形

形容词く形＋ありませんでした（なかったです）

◆去年は暑くありませんでした（暑くなかったです）／去年不热。

◆昨日の天気はよくありませんでした。（よくなかったです）／昨天的天气不好。

※注：「いい」的く形为「よく」。

5. 形容词修饰体言作定语

形容词可以直接修饰名词。

- ◆美味しい魚料理がたくさんあります。／有很多好吃的鱼肉菜。
- ◆今日はいいお天気ですね。／今天天气很好啊。

6. 接続助詞"が"（顺接，逆接）

「が」是接续助词，连接两个句子，有顺态接续和逆态接续两种意思。一般接「です」或「ます」后。逆态相当于汉语的"虽然～，但是～"。顺态一般不译出来。在前边课文中学到的「すみませんが～」「ちょっと、お尋ねしますが」都是顺接。

- ◆すみませんが、事務室はどこですか。／请问办公室在哪？（顺接）
- ◆夏は暑いですが、冬は暖かいです。／夏天热，但是冬天很暖和。（逆接）
- ◆忙しいですが、楽しいです。／虽然很忙，但很愉快。

形容词活用表

形容词基本形　例：暑い	礼貌体	简体
肯定	暑いです	暑い
否定	暑くありません	暑くない
过去肯定	暑かったです	暑かった
过去否定	暑くありませんでした	暑くなかった

日语常用形容词

日本語	中国語	日本語	中国語
さむい「寒い」	冷的	あつい「暑い／熱い」	热的
たかい「高い」	高的（贵的）	ひくい「低い」	低的
とおい「遠い」	远的	ちかい「近い」	近的
おおきい「大きい」	大的	ちいさい「小さい」	小的
むずかしい「難しい」	难的	やさしい「易しい」	容易的
たのしい「楽しい」	愉快的	くるしい「苦しい」	痛苦的
よい／いい「良い」	好的	わるい「悪い」	坏的
はやい「早い」	快的	おそい「遅い」	慢的，迟的，晚的

ながい「長い」	长的	みじかい「短い」	短的
あつい「厚い」	厚的	うすい「薄い」	薄的
くろい「黒い」	黑的	しろい「白い」	白的
ひろい「広い」	宽阔的	せまい「狭い」	狭窄的
こまかい「細かい」	细的	ふとい「太い」	粗的
きびしい「厳しい」	严厉的	やさしい「優しい」	温柔的
おもしろい「面白い」	有意思的，有趣的	つまらない	无聊的
おもい「重い」	重的	かるい「軽い」	轻的
つよい「強い」	强的	よわい「弱い」	弱的
あかるい「明るい」	明亮的	くらい「暗い」	暗的
あたらしい「新しい」	新的	ふるい「古い」	旧的
いそがしい「忙しい」	忙的	すずしい「涼しい」	凉爽的
いたい「痛い」	疼的	やすい「安い」	便宜的
つめたい「冷たい」	冷的	ほしい「欲しい」	想要的
あかい「赤い」	红的	からい「辛い」	辣的
ねむい「眠い」	困的	まるい「丸い」	圆的
あおい「青い」	蓝的	あぶない「危ない」	危险的
さびしい「寂しい」	寂寞的	しおからい「塩辛い」	咸的

八、気軽に勉強しよう

好きなスポーツ

剣道（けんどう）　バスケットボール　水泳（すいえい）　スキー

バレーボール　バトミントン　ゴルフ　ボクシング

九、知识窗

日本相扑

相扑（相撲すもう）被称作日本的"国技こくぎ"，是国际性的格斗术和体育运动。在日本，相扑运动是高雅的事业，职业相扑运动员称"力士"，力士们身高体胖，膀大腰圆，走起路来一摇一摆，威风凛凛。相扑运动员分段，最高段是横纲（横綱よこづな），其次是大关（大関おおぜき），再其次是关胁（関脇せきわけ）、小结（小結こむすび）、平幕（平幕ひらまく）和十两（十両じゅうりょう）等级。日本人喜爱相扑，热情地观赏每一场高级别的相扑比赛，这不仅出于对比赛胜负的兴趣，更多的还是对这项运动反映出来的日本传统文化气氛的热爱。它代表着日本民族好胜求强、又刚又忍的心理和性格。

十、教室用語

- 手を挙げてください。／请举手。
- メモをしてください。／请记笔记。
- 忘れないでください。／请不要忘了。
- 前に来てください。／请到前面来一下。
- 居眠りしないでください／请不要睡觉。

第6课综合练习

一、单词练习。

1. 请写出下列单词的读音或日语汉字。

(1)「果物」→ ＿＿＿＿＿＿＿＿ (7)「いそがしい」→ ＿＿＿＿＿＿＿＿

(2)「故郷」→ ＿＿＿＿＿＿＿＿ (8)「やさしい」→ ＿＿＿＿＿＿＿＿

(3)「電話」→ ＿＿＿＿＿＿＿＿ (9)「おもしろい」→ ＿＿＿＿＿＿＿＿

(4)「元気」→ ＿＿＿＿＿＿＿＿ (10)「うつくしい」→ ＿＿＿＿＿＿＿＿

(5)「海岸線」→ ＿＿＿＿＿＿＿＿ (11)「たのしい」→ ＿＿＿＿＿＿＿＿

(6)「観光客」→ ＿＿＿＿＿＿＿＿ (12)「おいしい」→ ＿＿＿＿＿＿＿＿

2. 仿照例子进行词形变化。

基本形	否定形	过去形	过去否定形
例：寒い（さむい）	寒くない	寒かった	寒くなかった 寒くありませんでした
美味しい（おいしい）			
厳しい（きびしい）			
暑い（あつい）			
暖かい（あたたかい）			
うらやましい			
忙しい（いそがしい）			
楽しい（たのしい）			
美しい（うつくしい）			
面白い（おもしろい）			
優しい（やさしい）			
新しい（あたらしい）			
辛い（からい）			

二、替换练习。

1. 例: 冬／寒い → 冬は寒いです。

   (1) 今日／暖かい　　　　→
   (2) 夏／暑い　　　　　　→
   (3) 日本料理／美味しい　→
   (4) 仕事／忙しい　　　　→
   (5) 大学の生活／楽しい　→

2. 例: 今日／寒い → 今日は寒くないです。
   　　　　　　　 → 今日は寒くありません。

   (1) 旅行／楽しい　　　　　　→
   (2) この部屋／暖かい　　　　→
   (3) 食堂の魚料理／美味しい　→
   (4) 海南の観光客／多い　　　→
   (5) 海岸線／美しい　　　　　→

3. 例: 去年／寒い → 去年は寒かったです。

   (1) 昨日の仕事／忙しい　　→
   (2) おととい／暑い　　　　→
   (3) 先週の旅行／楽しい　　→
   (4) 昨日の映画／面白い　　→
   (5) 先週の試験／難しい　　→

4. 例: 先週／忙しくない → 先週は忙しくなかったです。
   　　　　　　　　　　　 先週は忙しくありませんでした。

   (1) 去年の夏休み／暑くない　　→
   (2) 一昨日の料理／美味しくない →
   (3) 昨日の授業／面白くない　　→
   (4) 去年／寒くない　　　　　　→

(5) 野菜ジュース／美味しくない　→

5. 例：あれ／面白い／映画→あれは面白い映画です。

　　(1) これ／美味しい／野菜ジュース　→
　　(2) 鈴木先生／厳しい／先生　→
　　(3) 先生／忙しい／人　→
　　(4) これ／新しい／冷蔵庫　→

三、语法练习。

1. 在下列括号中填入适当的假名。

　　例：今日（は）暑いです。

　　(1) 私（　）部屋（　）明るいです。
　　(2) 昨日（　）授業は面白（　）（　）（　）（　）（　）（　）（　）。
　　(3) 去年（　）夏は暑（　）（　）（　）（　）（　）です。
　　(4) このテレビ（　）新し（　）（　）（　）です。
　　(5) 海南島（　）（　）美味しい果物がたくさん（　）（　）（　）。
　　(6) A:食堂の料理は（　）（　）（　）（　）（　）。
　　　　B:とても美味しいです。

2. 选择下列形容词的适当活用形式填写。

　　[寒い　面白い　新しい　忙しい　美味しい　優しい]

(1)昨日の映画は＿＿＿＿＿＿＿＿＿＿です。

(2)ココナッツジュースは＿＿＿＿＿＿＿です。

(3)会社の仕事は＿＿＿＿＿＿＿＿ないです。

(4)昨日はマイナス35度で、＿＿＿＿＿＿＿＿です。

(5) 前の英語の先生は＿＿＿＿＿ですが、今の＿＿＿＿＿英語の先生は厳しいです。

四、翻译练习。

1. 翻译下列日语句子。

(1) 人口は多くありませんが、観光客は多いです。

(2) おとといは晴れではありませんでした。雨でした。

(3) 昨日は忙しくなかったですが、今日は忙しいです。でも、毎日楽しいです。

(4) 海南には美味しい魚料理がたくさんあります。旬の果物もたくさんあります。

(5) 大学の授業は多いですが、楽しいです。

2. 翻译下列汉语句子。

(1) 去年的寒假很冷。

(2) 日语老师很严厉。

(3) 这个学校有很多的外国留学生。

(4) 昨天的那部电影很有意思。

(5) 以前的英语老师是个有趣的人。

五、应用会话练习。

1. 请用日语简单回答下列问题。

    (1) 昨日(きのう)の天気(てんき)はどうでしたか。

    (2) 海南(かいなん)にはどんな果物(くだもの)がありますか。

    (3) 食堂(しょくどう)の料理(りょうり)はおいしいですか。

    (4) お母(かあ)さんは元気(げんき)ですか。

    (5) アルバイトは忙(いそが)しいですか。

    (6) 日本語の先生はどんな人ですか。

2. 请用本课句型自编会话进行练习。

【补充单词】

ちち［父］①	（名）	父亲
しごと［仕事］⓪	（名）	工作
てんき［天気］①	（名）	天气
にほんりょうり［日本料理］④	（名）	日本料理
せいかつ［生活］⓪	（名）	生活
りょこう［旅行］⓪	（名）	旅行
おととい［一昨日］③	（名）	前天，前日
しけん［試験］②	（名）	考试
やさいジュース［野菜ジュース］④	（组）	蔬菜汁，青菜
あかるい［明るい］③	（形）	明亮的，亮的
かいしゃ［会社］⓪	（名）	公司

第7課　何が好きですか

一、ポイント

1. ～は形容動詞＋です（肯定）
2. ～は～が好きです（上手です・わかります・欲しいです）

    ／喜欢（擅长・明白・想要）……
3. 形容動詞詞幹＋ではありません（ではないです）（否定）
4. 形容動詞詞幹＋でした（过去肯定）
5. 形容動詞詞幹＋ではありませんでした（ではなかったです）（过去否定）
6. 形容動詞な＋名詞（做定语）

二、例文

1. あのおばあさんはとても親切です。／那个奶奶很和蔼。
2. 李さんは日本語が一番好きです。／小李最喜欢日语。
3. 私は料理が上手ではありません。下手です。（上手ではないです）

    ／我做饭不好吃。不擅长。
4. この町は以前静かでした。／这条街道以前很安静。
5. この公園は以前賑やかではありませんでした。（賑やかではなかったです）

    ／这个公园以前不热闹。
6. 私は静かなところが好きです。／我喜欢安静的地方。

三、会話

（会社の休憩室で）

張さん：李さんは漫画が好きですか。

李さん：はい、好きです。張さんは。

張さん：私も（漫画が好きです）。特に、「サザエさん」①が大好きです。

李さん:そうですか。私は以前、漫画が好きではありませんでしたが、今は大好きです。

張さん:私も同じです。好きなキャラクターがいますか。

李さん:はい。中島君②とカツオ君が好きです。中島君は真面目な子で、カツオ君は面白い子です。

（食事の時）

店　員:いらっしゃいませ③。何名様ですか。

張さん:二人です。

店　員:こちらへどうぞ。

李さん:焼き魚セットをお願いします④。

張さん:刺身定食をお願いします。

李さん:じゃあ、いただきます。

張さん:いただきます。美味しいですね。李さんは料理が上手ですか。

李さん:まあまあです。張さんは刺身が好きですか。

張さん:以前は嫌いでしたが、今は平気です。李さんは苦手な料理がありますか。

李さん:そうですね⑤。生姜焼きが苦手です。

四、短文

　　李さんと張さんは同僚です。二人は日本の漫画などが好きです。二人は漫画の「サザエさん」が好きです。サザエさんの主人公の中島君は真面目な子で、カツオ君は面白い子です。

　　李さんは簡単な肉料理が上手です。張さんは料理が下手です。張さんは刺身が苦手でしたが、今は平気です。李さんは生姜焼きが嫌いです。

海南島にはとても有名な四大料理があります。すなわち、鶏肉料理（文昌鶏）、カニ料理（和楽蟹）、羊料理（東山羊)、鴨料理（嘉積鴨）です。値段は高いですが人気があります。

五、新しい単語

すき［好き］②	（形动）	喜欢
おばあさん ②	（名）	姑母，姨母，伯母，婶母，舅母
しんせつ［親切］①	（形动）	热情
いちばん［一番］②⓪	（名・副）	最好；最
じょうず［上手］⓪	（形动）	擅长、好 、拿手
へた［下手］⓪	（形动）	不擅长、不好、笨拙
まち［町］②	（名）	城镇；大街
しずか［静か］①	（形动）	安静
にぎやか［賑やか］②	（形动）	热闹
ところ［所］⓪	（名）	地点
きゅうけいしつ［休憩室］③	（名）	休息室
とくに［特に］①	（副）	特别，尤其
サザエさん ①	（专）	海螺小姐（作品名字）
だいすき［大好き］①	（形动）	最喜好，很爱好
おなじ［同じ］⓪	（形动）	相同
キャラクター ①②	（名）	角色
なかじま［中島］⓪	（专）	中岛（日本人的姓）
くん［君］⓪	（接尾）	君
カツオ ⓪	（名）	鲣鱼
まじめ［真面目］⓪	（形动）	认真
こ［子］⓪	（名）	孩子
しょくじ［食事］⓪	（名）	吃饭、用餐
とき［時］②	（名）	时候
いらっしゃいませ	（连）	欢迎光临
なんめい［何名］①	（疑问）	几位

さま［様］⓪	（结尾）	接在人名之后，表示尊敬
こちらへどうぞ	（连）	这边请
やきざかな［焼き魚］③	（名）	烤鱼
セット①	（名）	一份
おねがいします［お願いします］⑥	（连）	请…；拜托
さしみ［刺身］③	（名）	生鱼片
ていしょく［定食］⓪	（名）	套餐
じゃあ①	（接续）	那么
いただきます⑤	（连）	我开动了，我开始吃了
まあまあ①	（副）	勉强、还可以吧
きらい［嫌い］⓪	（形动）	讨厌
へいき［平気］⓪	（形动）	冷静，不在乎
にがて［苦手］⓪	（形动）	不擅长，不喜欢吃
しょうがやき［生姜焼き］⓪	（组）	（菜）烤生姜
どうりょう［同僚］⓪	（名）	同事
しゅじんこう［主人公］②	（名）	主人公
かんたん［簡単］⓪	（形动）	简单
にくりょうり［肉料理］③	（名）	肉菜，荤菜
ゆうめい［有名］⓪	（名・形动）	有名
すなわち②	（接续）	即，也就是说
よんだいりょうり［四大料理］⑤	（名）	四大料理
とりにく［鶏肉］⓪	（名）	鸡肉
カニ⓪	（名）	螃蟹
ひつじ［羊］⓪	（名）	羊
かも［鴨］①	（名）	鸭子
ねだん［値段］⓪	（名）	价格
たかい［高い］②	（形）	贵的
にんき［人気］⓪	（名）	人气，众望

六、語彙説明

1.「サザエさん」

《海螺小姐》(サザエさん)为日本女性漫画家长谷川町子于1946年发表的四格漫画，至今已多次改编成动画、真人戏剧、舞台剧等衍生的作品。深受人们的喜爱。

2. 君(きみ)

君有「きみ」和「くん」两种读音。本课接在姓氏后读「くん」。是上对下的称呼，或者是关系亲密的朋友之间的称呼。读作「きみ」则相当于你的意思。多用于男性之间。两者都不能对上使用。例如：

① A:君は何が好きですか。／你喜欢什么？
B:僕は魚が好きです。／我喜欢鱼。
② 李君は何が好きですか。／小李喜欢什么？

3. いらっしゃいませ；こちらへどうぞ

「いらっしゃいませ」是「いらっしゃる」的命令式，表示来、去的意思。「ませ」是「ます」的命令式。此句多用于饭店、商店等服务行业迎接客人时用的寒暄礼貌语。

「こちらへどうぞ」属于惯用语。带路或引导客人入座时用。意思是"请这边走。"

例如：いらっしゃませ／欢迎光临

では、こちらへどうぞ。／这边请。

4. 焼き魚セットをお願いします。

前面学的「よろしくお願いします」是请多关照的意思。「お願いします」在此课文中表示"请给我……"。

例如：刺身定食をお願いします。／请给我一份生鱼片套餐。

焼き魚セットをお願いします。／请给我一份烤鱼。

5. そうですね。

有两个意思。一是同意对方的观点。另一个表示犹豫。本文是后者。例：

① A:この映画、面白いですね。／这个电影很有意思。

　　B：そうですね。（同意对方观点）／是啊。
②A：好きな料理はなんですか。／你喜欢吃什么菜。
　　B：そうですね、日本料理です。（犹豫，思考）／我喜欢吃日本菜。

七、文法と文型

1. 形容動詞

　　形容动词是表示事物的性质、状态的词。词尾为「だ」。如：「静かだ」、「賑やかだ」、「嫌いだ」。但在词典和教材的单词表上一般不体现出来，只写词干。「嫌い」的「い」不是形容词的词尾，而是形容动词的词干。形容动词做敬体谓语句时，「だ」要变成「です」。

　　有的教材把形容动词称为"形容词2"或"な形容词"。

①～は形容动词词干＋です（肯定）
   ✧ あの大学は一番有名です。／那所大学最有名。
   ✧ あの人はとても真面目です。／那个人很认真。

②～は形容动词词干＋ではありません（否定）
   ✧ この辺りは便利ではありません。／这一带不方便。
   ✧ あの町は賑やかではありません。／那个城镇不热闹。

③～は形容动词词干＋でした（过去）
   ✧ 彼は有名でした。／他曾经很有名。
   ✧ 以前ここはとても賑やかでした。／以前这里过去非常热闹。

④～は形容动词词干＋ではありませんでした（过去否定）
   ✧ 昨日のパーティーは賑やかではありませんでした。／昨天的晚会不热闹。
   ✧ 以前、辛い料理は好きではありませんでした。／以前，不喜欢吃辣的菜。

⑤ ～は形容动词词干な＋体言です（定语）
- ◇ 鈴木先生は親切な人です。／铃木老师是位热情的人。
- ◇ 図書館は静かなところです。／图书馆是个安静的地方。

解说：形容动词修饰名词时，需要在形容动词词干后加上「な」，"な形容词"的叫法也由此而来。相当于汉语的"～的～"。

⑥ ～は～が～（形容詞、形容動詞）

「～は」表示动作主语，「～が」表示对象。后面经常接「好き、嫌い、上手、下手、できる、分かる、欲しい、たい」等表示个人喜好，能力等的对象。
- ◇ 私は刺身が好きではありません。（嫌いです。）／我不喜欢生鱼片。
- ◇ 私は英語が下手ですが、日本語が上手です。／我的英语不好，但是日语好。

2. 形容动词活用表（例：賑やか）

形容动词基本形	简体	礼貌体
肯定	賑やかだ	賑やかです
否定	賑やかではない	賑やかではありません
过去肯定	賑やかだった	賑やかでした
过去否定	賑やかではなかった	賑やかではありませんでした
连体	賑やかなところだ	賑やかなところです

3. 日语常用形容动词

日本語	中国語	日本語	中国語
便利	方便	丈夫	结实
賑やか	热闹	好き	喜欢
静か	安静	親切	热情
不便	不方便	上手	擅长，精通

爽（さわ）やか	清爽	下手（へた）	笨拙
豊（ゆた）か	丰富，富裕	穏（おだ）やか	平稳
簡単（かんたん）	简单	真面目（まじめ）	认真
嫌（きら）い	讨厌	有名（ゆうめい）	有名
綺麗（きれい）	漂亮	新鮮（しんせん）	新鲜

八、気軽に勉強しよう

東京の観光スポット

えどとうきょうはくぶつかん
江戸東京博物館

ディズニーランド

とうきょう
東京タワー

めいじじんぐう
明治神宮

かぶきちょう
歌舞伎町

こっかいぎじどう
国会議事堂

第二章　第7课

　　　ぎんざ　　　　　　　　　ちゅうかがい　　　　　　　しぶや
　　　銀座　　　　　　　　　　中華街　　　　　　　　　　渋谷

九、知识窗

日本的歌舞伎

　　歌舞伎（歌舞伎<ruby>かぶき</ruby>）是日本典型的民族表演艺术，起源于17世纪江户初期，1600年发展为一个成熟的剧种，演员只有男性。

　　歌舞伎是日本所独有的一种戏剧，也是日本传统艺能之一。在日本国内被列为重要的非物质文化财产，在2005年被联合国教科文组织列为非物质文化遗产。

　　现代歌舞伎的特征是布景精致、舞台机关复杂，演员服装与化妆华丽，且演员均为男性。

　　歌舞伎的始祖是日本妇孺皆知的美女阿国，她是岛根县出云大社巫女(即未婚的年青女子，在神社专事奏乐、祈祷等工作)，为修缮神社，阿国四处募捐。潇洒俊美，老板娘一见钟情，阿国表演时还即兴加进现实生活中诙谐情节，演出引起轰动。阿国创新的《念佛舞》，又不断充实、完善，从民间传入宫廷，渐渐成为独具风格的表演艺术。

十、教室用語

- ✧ 10ページを開（ひら）いてください。／请翻到第10页。
- ✧ 本（ほん）を閉（と）じてください。／请把书合上。
- ✧ よく練習（れんしゅう）してください。／请好好练习。
- ✧ 復習（ふくしゅう）してください。／请复习一下（前面所学的内容）。
- ✧ 予習（よしゅう）してください。／请预习一下（后面要学的内容）。

第7课综合练习

一、单词练习。

1. 请写出下列单词的读音或日语汉字。

(1)「食事」→_____　(8)「へた」→_____

(2)「刺身」→_____　(9)「へいき」→_____

(3)「定食」→_____　(10)「まじめ」→_____

(4)「苦手」→_____　(11)「じょうず」→_____

(5)「同僚」→_____　(12)「かんたん」→_____

(6)「主人公」→_____　(13)「とりにく」→_____

(7)「焼き魚」→_____　(14)「にんき」→_____

2. 仿照例子进行词形变化。

肯定形 （～だ） （～です）	过去形 （～だった） （～でした）	否定形 （～ではない） （～ではありません）	过去否定形 （～ではなかった） （～ではありませんでした）
上手だ	上手だった	上手ではない	上手ではなかった
上手です	上手でした	上手ではありません	上手ではありませんでした
好きだ			
好きです			
嫌いだ			
嫌いです			
静かだ			
静かです			
賑やかだ			
賑やかです			
親切だ			

親切です			
苦手だ			
苦手です			
真面目だ			
真面目です			

二、替换练习。

1. 例：部屋／静か　　　→ 部屋は静かだ。
　　　　　　　　　　　→ 部屋は静かではない。

　(1) おばあさん／親切　→

　(2) 公園／賑やか　　　→

　(3) 学校の図書館／静か　→

　(4) 魚料理／苦手　　　→

　(5) フランス語／上手　→

2. 例：李さん／英語／下手　→李さんは英語が下手です。
　(1) 私／数学／苦手　　　→
　(2) お母さん／料理／上手　→
　(3) 弟／刺身／好き　　　→
　(4) 中島さん／辛いもの／嫌い→

3. 例：あの公園／賑やか　→あの公園は賑やかだった。
　　　　　　　　　　　　→あの公園は賑やかではなかった。

(1) 先週のテスト／簡単 →

(2) あの町／静か →

(3) この雑誌／有名 →

(4) 生姜焼き／苦手 →

(5) 昨日の天気／爽やか →

4. 例：これ／簡単／テスト →これは簡単なテストです。
　(1) 海南島／有名／観光地 →
　(2) 公園／賑やか／ところ →
　(3) あの先生／親切／人 →
　(4) 図書館／静か／ところ →
　(5) カツオ君／真面目／子 →

5. 例：この公園／賑やか → この公園は以前賑やかでした。
　　　　　　　　　　　　 → この公園は以前賑やかではありませんでした。

(1) この町／静か →

(2) 刺身／好き →

(3) 李さんの日本語／上手 →

(4) あの雑誌／有名 →

(5) 先週のテスト／簡単→

三、语法练习。

1. 选择适当的假名填到下列括号里。

例：李さんは何（が）好きですか。

(1) 私は日本（　）漫画（　）好きです。
(2) 母は犬（　）嫌いです。
(3) 佐藤さんは親切（　）人です。
(4) 以前、ここは賑やか（　）町（　）（　）（　）。
(5) 張さんは以前辛いもの（　）好き（　）（　）（　）（　）（　）（　）

（　）でした。

2. 选择下列形容动词的适当活用形式填写。

[嫌い　爽やか　親切　静か　簡単]

(1) 昨日の天気は_____。
(2) 図書館は_____ところです。
(3) 数学は私の一番_____学科です。
(4) 日本語のテストは_____ではありません。
(5) あのおばあさんはとても_____です。

四、翻译练习。

1. 翻译下列日语句子。

(1) 日本人の留学生は辛い料理が苦手です。

(2) 私は以前、漫画が好きではありませんでしたが、今は好きです。

(3) 中島君は真面目な子で、カツオ君は面白い子です。
　　なかじまくん　まじめ　こ　　　　かつおくん　おもしろ　こ

(4) 海南の有名な四大料理は人気があります。
　　かいなん　ゆうめい　しだいりょうり　にんき

(5) 張さんは刺身が苦手でしたが、今は平気です。李さんは生姜焼きが嫌いです。
　　ちょう　　さしみ　にがて　　　　いま　へいき　　　　　　り　　しょうがや　きら

2．翻译下列汉语句子。

(1) 她日语很好，但是英语不好。

(2) 椰子是海南最有名的水果。

(3) 海南的四大名菜虽然价格很贵，但很受欢迎。

(4) 这条街道以前是个公园，很热闹。

(5) 小李是个认真的人。

五、应用会话练习。

1. 鈴木：君は嫌いなものがありますか。何が好きですか。
　すずき　きみ　きら
　　王：_____。
　　おう
2. 鈴木：爽やかな天気ですね。
　すずき　さわ　　てんき
　　王：_____。
　　おう
3. 鈴木：張さんは一番好きなものはなんですか。
　すずき

王：_____。

4. 鈴木：張さんは辛いものが好きですか。

王：以前は_____。

今は_____。

【补充単词】

パーティー ①	（名）	聚会
フランスご［フランス語］⓪	（名）	法语
おとうと［弟］⓪	（名）	弟弟
さわやか［爽やか］②	（形动）	清爽
かんこうち［観光地］③	（名）	观光地
さとう［佐藤］①	（专）	佐藤（日本人的姓）
もの ⓪	（名）	物体，东西
テスト ①	（名）	考试

第8課　有名な観光地になりました

一、ポイント

1. ～名詞、形容動詞詞干になります（になりました）／……成为……；变为……（变化的结果，状态）
2. ～形容词词干くなりました／……变成……；变为……（变化的结果，状态）
3. ～は～で、～です／（形容动词的中顿）
4. ～は～形容词く形+て、～です／（形容词的中顿）（也表示轻微的原因或理由）
5. あまり+形容词く形ありません（ないです）
   あまり+形容動詞ではありません（ではないです）／不（怎样、很）

二、例文

1. 11月から冬になりました。／11月份就开始入冬了。
   天気が爽やかになりました。／天气变得清爽了。
2. 今日は涼しくなりました。／今天变得凉快了。
3. 海南島は空気が綺麗で、果物の種類が多いです。／海南岛的空气新鲜，水果的种类也很多。
4. マンゴジュースは甘くておいしいです。／芒果汁很甜很好喝。
5. 値段はあまり安くありません(安くないです)。／价格不怎么便宜。
   あの建物があまり立派ではありません（立派ではないです）。／那个建筑不怎么漂亮。

三、会話

王さん：昨日は暑かったですが、今日は涼しくなりましたね。
符さん：そうですね。涼しくなりましたね。王さんもやはり暑さ①が苦手ですか。
王さん：ええ。毎日蒸し暑くて、本当に嫌です。でも、冬は一番快適な季節で、大好きです。天気が爽やかで、気分も良くなります。
符さん：そうですか。海南の生活はどうですか。

王さん：そうですね。あまり便利ではないですが、空気がきれいで、果物の種類が多いです。また、現地の人は優しくて、好きになりました。

符さん：よかったですね。どんな果物が好きですか。

王さん：パパイヤやパイナップルやキウイなどが好きです。最近はドリアンが好きになりましたよ。

符さん：ドリアン？臭くないですか。好きな人はあまり多くないですよ。

王さん：いいえ、美味しいですよ。大好きです。でも、値段はあまり安くないです。

符さん：そうですか。

四、短文

王さんは地方の人で、勤め先は三亜にあります。符さんは現地の人で、王さんの大学のルームメートでした。

王さんは三亜の爽やかな空気、綺麗なビーチ、広くて青い海などが大好きですが、蒸し暑さが嫌いです。最近、ドリアンが好きになりました。ドリアンは臭いですが、好きな人は少なくないです。

昔、三亜の交通は不便でしたが、いまは空港、高速道路、高速鉄道などがあります。とても便利になりました。夏の時、三亜の観光客が少ないですが、お正月は、とても賑やかになります。三亜には「天涯海角」「大東海海水浴場」などの有名な観光名所があります。漁業も盛んです。リゾートホテルやリゾートマンションなども多いです。

五、新しい単語

すずしい［涼しい］③	（形）	涼爽
きれい［綺麗］①	（形动）	漂亮；干净
しゅるい［種類］①	（名）	种类
マンゴジュース ④	（名）	芒果汁
あまい［甘い］②	（形）	甜的
やすい［安い］②	（形）	便宜的
あまり ⓪	（副）	（后接否定）不怎么，不太

りっぱ［立派］⓪	（形动）	漂亮、美丽、壮丽
やはり ②	（副）	仍然；果然
あつさ［暑さ］①	（名）	暑热，热度
ふ［符］⓪	（专）	符（姓氏）
むしあつい［蒸し暑い］④	（形）	闷热的
ほんとうに［本当に］⓪	（副）	真、真的
いや［嫌］⓪	（形动）	讨厌，嫌弃的，厌恶的
かいてき［快適］⓪	（形动）	畅快、舒适
きせつ［季節］①	（名）	季节
きぶん［気分］①	（名）	心情，情绪
よい［良い］①	（形）	好的
また ②	（副）	还，又，另外
げんち［現地］①	（名）	当地，现场
どんな ①	（连体）	什么样的，怎样的
パパイヤ ②	（名）	木瓜
パイナップル ③	（名）	菠萝
キウイ ①	（名）	猕猴桃
さいきん［最近］⓪	（名）	最近
ドリアン ①	（名）	（植物）榴莲
くさい［臭い］②	（形）	臭的
ぶっか［物価］⓪	（名）	物价
ちほう［地方］②①	（名）	首都之外的地域，地方
つとめさき［勤め先］⓪	（名）	工作地点，工作单位
さんあ［三亜］①	（专）	三亚（地名）
ルームメート ④	（名）	室友
ビーチ ①	（名）	海边
ひろい［広い］②	（形）	辽阔、宽敞、宽阔
あおい［青い］②	（形）	青、蓝；绿
うみ［海］①	（名）	海
むしあつさ［蒸し暑さ］③	（名）	闷热
すくない［少ない］③	（形）	少的

むかし [昔] ⓪	（名）	往昔，很久以前
こうつう [交通] ⓪	（名）	交通
ふべん [不便] ①	（形動）	不方便
くうこう [空港] ⓪	（名）	机场
こうそくどうろ [高速道路] ⑤	（组）	高速公路
こうそくてつどう [高速鉄道] ⑤	（组）	高铁
おしょうがつ [お正月] ⓪	（名）	正月
てんがいかいかく [天涯海角] ⑤	（专）	天涯海角（地名）
だいとうかいかいすいよくじょう [大東海海水浴場]	（专）	大东海海水浴场
かんこうめいしょ [観光名所] ⑤	（名）	旅游胜地
ぎょぎょう [漁業] ①	（名）	渔业
さかん [盛ん] ⓪	（形動）	盛大，热烈，雄厚
リゾート ②	（名）	疗养地，游览地
ホテル ①	（名）	宾馆，饭店
リゾートマンション ⑤	（名）	度假公寓

六、語彙説明

1．「王さんもやはり暑さ①が苦手ですか。」／（小王）你还是怕热呀。

「さ」是结尾词，接在形容词、形容动词词干后表示程度、状态，作为名词使用。

例：山の高さ／山的高度。

王さんは三亜の爽やかな空気、綺麗なビーチ、広くて青い海が大好きですが、蒸し暑さが嫌いです。

／小王喜欢三亚的清新空气、美丽的海滨、辽阔的蓝色大海，厌烦闷热的天气。

七、文法と文型

1. 名词、形容动词词干＋になります

「なります」表示状态、事态的变化。「～になりました」表示转变的结果。

- ❖ 部屋は綺麗になりました。／房间（变得）干净了。
- ❖ 彼は有名な人になりました。／他成了名人。

2. 形容词连用形く+なります／～变得；～成为

「なります」表示状态的变化。接形容词连用形后，翻译根据前后文关系而译。
- 気分も良くなりました。／心情舒畅了。
- 春になりました。暖かくなりました。／春天到了，天气变得暖和了。

3. 形容动词词干+で、～です

用"形容动词词干+で"的形式表示中顿，将两个句子连接起来。前后句关系多属于并列或者递进。相当于汉语的"不仅……而且……""既……又……"。
- 空気は爽やかで、人も親切です。／不仅空气清新，人也热情。
- ここは静かで、広いです。／这里既清静又宽敞。

4. 形容词连用形く+て，表示中顿

形容词的连用形是把词尾「い」去掉，加上「く」。以「く+て」的形式，合并前后文，表示中顿。这类句子多数属于并列或者递进关系。相当于汉语的"不仅～而且～"，或者"又～又～"等意思。也可表示轻微的原因和理由。
- 部屋は暖かくて、明るいです。／屋子里既暖和又明亮。
- 天気が良くて、気分がいいです。／（因为）天气好，（所以）心情也好。
- 毎日蒸し暑くて本当に嫌です。／每天都闷热，真叫人烦。

八、気軽に勉強しよう

好きな野菜

キュウリ　　　　トマト　　　　ニンジン　　　　ダイコン

玉_{たま}ねぎ	ニンニク	ジャガイモ	キャベツ

九、知识窗

日本的温泉

日本有"温泉王国"的美称。日本的温泉（温泉_{おんせん}）不仅数量多、种类多，而且质量很高。各地几乎都有有名的温泉，对日本人来说，泡温泉是一种享受，更是生活中必不可少的一部分。日本温泉有着悠久的历史，古老的历史文献中就有关于天皇泡温泉的详尽描述，说明在很久以前日本人就已经学会了利用温泉。日本温泉旅馆是日本的一大旅游资源和旅游特色。一般旅馆都会备有一到两个大型浴场，由于旅馆的不同，也会有露天浴场和各房间独用的浴室。

十、教室用語

- ❖ では、出席（しゅっせき）を取（と）ります。／那么我们先点一下名。
- ❖ はい、時間（じかん）です。／好了，到时间了。
- ❖ これを宿題（しゅくだい）にします。／把这个作为作业。
- ❖ 宿題（しゅくだい）を出して（提出（ていしゅつ）して）ください。／请交作业。
- ❖ お疲（つか）れ様（さま）でした。／您辛苦了。

第8课综合练习

一、单词练习。

1. 请写出下列单词的读音或日语汉字。

    (1)「甘い」→ _____
    (2)「空気」→ _____
    (3)「青い」→ _____
    (4)「生活」→ _____
    (5)「不便」→ _____
    (6)「少ない」→ _____
    (7)「勤め先」→ _____
    (8)「蒸し暑い」→ _____
    (9)「ぶっか」→ _____
    (10)「ひろい」→ _____
    (11)「きせつ」→ _____
    (12)「きれい」→ _____
    (13)「くうこう」→ _____
    (14)「かいてき」→ _____
    (15)「すずしい」→ _____
    (16)「こうそくどうろ」→ _____

二、替换练习。

1. 例：李さん／先生 → <u>李さんは先生になりました</u>
    (1) 彼／社長 →
    (2) 陳さん／医者 →
    (3) 空気／綺麗 →
    (4) 生活／豊か →
    (5) 交通／便利 →

2. 例：私の／部屋／明るい → <u>私の部屋は明るくなりました。</u>
    (1) 値段／安い →
    (2) 試験／難しい →
    (3) 気分／いい →
    (4) 天気／暖かい →
    (5) 三亜のビーチ／美しい →

3. 例：この魚（新鮮、安い）→この魚は新鮮で、安いです。
   (1) 空（爽やか、青い）　　→
   (2) あの人（親切、面白い）→
   (3) 兄（元気、明るい人）　→
   (4) 交通／（便利、いい）　→

4. 例：このリンゴ／甘い／美味しい　→　このリンゴは甘くて、美味しいです。
   (1) 部屋／広い／明るい　　→
   (2) 海南／美しい／暖かい　→
   (3) あの人／優しい／面白い→
   (4) 値段／安い／いい　　　→

5. 例：この辺りは便利です／静かではありません
    →この辺りは便利ですが、あまり静かではありません。
   (1) 日本語が好きです／あまり上手ではありません。→

   (2) あの鞄は綺麗です／あまり好きではありません。→

   (3) 部屋は広いです／あまり綺麗ではありません。　→

   (4) 安いです／あまり新鮮ではありません。　　　　→

6. 例：私／日本語／下手　→　私は日本語が下手です。
   (1) 李さん／英語／上手　　→
   (2) あそこ／交通／不便　　→
   (3) 鈴木さん／ドリアン／嫌い→

第二章　第8课

(4) 今／生活／豊か　　　　→

三、语法练习。

1．选择适当的假名填到下列括号里。

例：今日から晴れ（に）なります。

(1) 海南の生活は便利です（　）、夏（　）とても暑いです。
(2) 天気が暖かく（　）、気持ちが（　）（　）なりました。
(3) 空気が綺麗（　）、果物（　）多いです。
(4) ドリアンは臭いです（　）、美味しいです。
(5) 交通は便利（　）なりました。
(6) 私（　）日本語料理（　）好きです。
(7) この町は小さく（　）、交通（　）不便です。
(8) 生活は豊か（　）なりません。
(9) テストはあまり難しく（　）（　）です。

四、翻译练习。

1．翻译下列日语句子。

(1) 兄は有名な会社の社長になりました。

(2) 三亜はもう有名なリゾートになりました。

(3) ここにはリゾートホテルやリゾートマンションなどがたくさんあります。

(4) 海南の夏は本当に暑いです。一番快適な季節は冬です。

(5) 昔、三亜の交通は不便でしたが、いまは空港、高速道路、高速鉄道などがあります。とても便利になりました。

2. 翻译下列汉语句子。

(1) 去年我是高中生，现在已经成为大学生了。

(2) 新鲜的鱼虽然好吃，但是很贵。

(3) 春天到了，公园变得漂亮了。心情也好了。

(4) 虽然榴莲是有名的水果，但是我不喜欢。

(5) 我喜欢海南美丽的海滩，清新的空气，但是不喜欢闷热的天气。

3. 阅读短文，并用日语回答下列问题。

　　今年、私は大学の二年生になりました。今、文昌の大学にいます。文昌は静かなところで、夏は暑いですが、緑が多くて、空気がきれいです。大学の生活は忙しくて、楽しいです。キャンパスは広くありませんが、人が多くて賑やかです。

　問題：

(1)「私」は去年何年生でしたか。

(2) 文昌はの天気はどうですか。

(3)「私」の大学生活はどうですか。

(4) 大学のキャンパスはどうですか。

【补充单词】

はる［春］①	（名）	春天
ゆたか［豊か］①	（形动）	丰富、富裕、充裕
あに［兄］①	（名）	哥哥
むずかしい［難しい］④	（形）	难的
きもち［気持ち］⓪	（名）	心情，情绪
しんせん［新鮮］⓪	（形动）	新鲜

第9課　どちらが好きですか

一、ポイント

1. 体言と体言と、どちらが〜／……和……哪一个……
2. 〜は〜より〜です／……比……要……
3. 〜は〜ほど〜ないです／没有比……更……的；……不像……；……不如……
4. 〜より、〜のほうが〜／比起……还是……
5. 〜の中で、〜が一番〜です／在……最……

二、例文

1. 豚肉と牛肉、どちらが好きですか。／猪肉和牛肉，你喜欢哪个？
2. 車は自転車より速いです。／汽车比自行车速度快。
3. 日本は中国ほど広くありません。狭いです。／日本没有中国大。日本小。
4. 自転車よりバイクのほうが速いです。／比起自行车，摩托车的速度要快。
5. 外国語の中でアラビア語が一番難しいです。／外语中，阿拉伯语最难。

三、会話

(市場で家庭主婦の会話)

王さん：豚肉と牛肉と、どちらが好きですか。

符さん：そうですね。以前は牛肉のほうが好きでしたが、最近、豚肉も好きになりました。

王さん：ほら、そこに大きい魚がありますよ。

符さん：本当ですね。

王さん：符さんは魚料理が好きですか。

符さん：はい、大好きです。魚の中でサバが一番好きです。王さんは？

王さん：私もサバが好きですが、鯛が一番好きです。そして、牡蠣も好きです。焼き牡蠣より生のほうが好きです。

符さん：生のほうがおいしいですね。ところで、海南島とハルビンとどちらが好きですか。

王さん：それは難しいですね。ハルビンは冬がとても寒いですが、氷祭りが素晴らしいです。そして、海南島は夏がとても暑いですが、空気がおいしいくて、旬の食べ物が多いです。だから、どちらも好きです。

符さん：ハルビンの氷祭りほど有名な氷祭りはありませんね。また、海南島は中国で一番人気のリゾートです。観光業も盛んです。

王さん：ええ、両方ともいいところですね。

符さん：ハルビンから海南島まで、遠いですか。

王さん：飛行機で5時間ぐらいです①。

符さん：遠いですね。

四、短文

　　王さんと符さんはハルビンと海南島について話しています②。ハルビンは中国黒竜江省の省都です。東北で経済、文化の中心の一つです。夏のハルビンは理想的な避暑地です。

　　ハルビンには美しい松花江と太陽島があります。松花江のほとりは、いつも賑やかで人が多いです。毎年の「ハルビン氷祭り」は、冬の盛大な祭典です。ハルビンの氷祭りほど有名な氷祭りはありません。

　　海南島は中国の最南部の小さい島です。ここは空気がきれいで、珍しい果物や熱帯の植物などがあります。長くて美しいビーチも、とても人気があります。これからますます有名な観光地になります。

五、新しい単語

どちら ①	（疑问）	哪个
ぶたにく［豚肉］⓪	（名）	猪肉
ぎゅうにく［牛肉］⓪	（名）	牛肉
くるま［車］⓪	（名）	车
じてんしゃ［自転車］②	（名）	自行车
はやい［速い］②	（形）	快
せまい［狭い］②	（形）	狭小
バイク①	（名）	摩托
アラビアご［アラビア語］⓪	（名）	阿拉伯语
いちば［市場］①	（名）	市场
かていしゅふ［家庭主婦］④	（组）	家庭主妇
かいわ［会話］⓪	（名）	会话
ほら①	（感）	引起人注意的用语
おおきい［大きい］③	（形）	大的
サバ①	（名）	鲭鱼
たい［鯛］①	（名）	鲷鱼
そして⓪	（接续）	而且、又；然后
かき［牡蠣］⓪	（名）	牡蛎
やきがき［焼き牡蠣］⓪	（组）	烤牡蛎
なま［生］①	（名）	生，尚未煮、烧做熟
ところで③	（接续）	话题转换
ハルビン①	（专）	哈尔滨（地名）
こおりまつり［氷祭り］④	（组）	冰雪节
すばらしい［素晴らしい］③	（形容）	非常好,绝佳
しゅん［旬］⓪	（名）	盛产期,时令,旺季
たべもの［食べ物］②	（名）	食品,食物
だから①	（接续）	因此,所以
かんこうぎょう［観光業］③	（名）	观光行业
りょうほう［両方］⓪	（名）	双方
とおい［遠い］⓪	（形）	远的
ひこうき［飛行機］②	（名）	飞机

じかん［時間］⓪	（名）	时间
について ②	（连）	关于
はなしています［話しています］②	（连）	正在说、讲
こくりゅうこうしょう［黒竜江省］⑤	（专）	黑龙江省（地名）
しょうと［省都］①	（名）	省会
けいざい［経済］①	（名）	经济
ぶんか［文化］①	（名）	文化
ちゅうしん［中心］⓪	（名）	中心
ひとつ［一つ］②	（名）	一个
りそうてき［理想的］⓪	（形动）	理想的
ひしょち［避暑地］②	（名）	避暑地
しょうかこう［松花江］④	（专）	松花江（地名）
たいようとう［太陽島］③	（专）	太阳岛（地名）
ほとり［畔］⓪	（名）	岸边，畔；
いつも①	（副）	总是，经常
まいとし［毎年］⓪	（名）	每年
せいだい［盛大］⓪	（形动）	盛大，隆重
さいてん［祭典］⓪	（名）	庆祝活动，盛典，典礼
さいなんぶ［最南部］③	（名）	最南部
ちいさい［小さい］③	（形）	小，占空间少
しま［島］⓪	（名）	岛，岛屿
めずらしい［珍しい］④	（形）	少有的，稀奇的，罕见的
ねったい［熱帯］⓪	（名）	热带
しょくぶつ［植物］⓪	（名）	植物
ながい［長い］②	（形）	长的
これから⓪	（名）	今后，将来
ますます②	（副）	益发，越发

六、語彙説明

1.「飛行機(ひこうき)で5時間(5じかん)ぐらいです①。」这里的「で」表示乘坐的交通工具，可译为"坐飞机大约需要5个多小时"。例：「自転車で10分ぐらいです。」 骑自行车大约需要10分钟。「で」的用法在第二册详讲。

2.「王さんと符さんはハルビンと海南島(かいなんとう)について話(はな)しています②」小王和小符在聊有关哈尔滨和海南的话题。

「について」是由名词＋ついて构成，用于对所指事项加以具体叙述。可译为"关于…，就…"。例：「先生(せんせい)は授業(じゅぎょう)について話(はな)しています。」／老师在讲有关上课的事。

七、文法と文型

1. ～と～と、どちらが～

表示比较，「と」表示比较的对象，「どちら」表示"哪个"，相当于汉语的"A和B相比，哪个更好～？"回答有两种。选其一时多用「のほうが～」、意思是"和A相比，还是B更～"。两个都选时多用「どちらも～」。

- ◆ 魚(さかな)と肉(にく)と、どちらがおいしいですか。／鱼和肉哪个更好吃？
  魚(さかな)のほうが美味(おい)しいです。／还是鱼好吃。
  どちらも美味(おい)しいです。／哪个都好吃。

- ◆ 鶏肉(とりにく)とカニと、どちらが好きですか。／鸡肉和螃蟹，你喜欢哪个？
  鶏肉のほうが好きです。／我喜欢鸡肉。

2. 体言は体言より形容詞／形容動詞 です／……比……更……

「より」接在作为参照物的体言后面表示将两个事物或者人进行比较，比较出他们的优劣，大小，多少，长短等差异。「より」的后面可以接「ずっと、ずいぶん、少し、ちょっと」等表示程度的副词。

- ◆ 今日は昨日よりずいぶん暑いです。／今天比昨天热多了。
- ◆ 飛行機(ひこうき)は高速鉄道(こうそくてつどう)よりずいぶん速(はや)いです。／飞机比高铁的速度快多了。
- ◆ この町はその町より賑(にぎ)やかです。／这条街道比那条街道热闹。

3. 体言は体言ほど～（形容詞く；形容動詞では）ないです／……不如……那样；……没有比……更……的了。

    比较两个名词。其含义为前者达不到后者的程度。

    ◇ 今日は昨日ほど寒くないです。／今天没有昨天冷。（昨天比今天冷）
    ◇ 自転車(じてんしゃ)はバイクほど速(はや)くないです。／自行车没有摩托车快。（摩托车比自行车快。）
    ◇ この町はその町ほど賑やかではありません。／这条街道没有那条街道热闹。
    （那条街道更热闹。）

4. 体言より体言のほうが～／比起……，还是……

    比较两个名词。和前者相比，还是后者更……

    ◇ 豚肉より牛肉のほうが高いです。／比起猪肉，牛肉更贵。
    ◇ 自転車(じてんしゃ)よりバイクのほうが速(はや)いです。／比起自行车，还是摩托车的速度要快。
    ◇ ハルビンより海南島のほうが暑いです。／比起哈尔滨，海南岛更热。

5. ～の中で～が一番～です／在……最……

    「で」是格助词，表达的意思很多，在此句中表示"评价、比较的范围"。在「～の中で～が一番～です」句型中表示"在某一方面当中，～最～"的意思。

    ◇ 料理(りょうり)の中(なか)で日本料理(にほんりょうり)が一番好(いちばんす)きです。／在吃的当中最喜欢日本料理。
    ◇ 野菜(やさい)の中(なか)で何(なに)が一番高(いちばんたか)いですか。／蔬菜当中什么最贵？
    ◇ 熱帯(ねったい)の植物(しょくぶつ)の中(なか)で何(なに)が一番珍(いちばんめずら)しいですか。／在热带植物中，什么植物最稀有？

八、気軽に勉強しよう

日常家電(にちじょうかでん)

炊飯器(すいはんき)

シェーバー

掃除機(そうじき)

エアコン

電子（でんし）レンジ　　　ドライヤー　　　扇風機（せんぷうき）　　　アイロン

九、知识窗

日本传统住宅

传统的日本住宅多半是独门独院的二层小楼（一戸建て いっこだて）。建筑材料以原木为主，特别注重自然质感。房间内部装修也极具日本独创的魅力。如常用的拉门(障子 しょうじ)、隔扇（襖 ふすま）榻榻米（畳 たたみ）等都体现了日本房屋结构上的优雅与实用。随着日本西洋化的深入，大城市的西式楼房住宅也越来越多（マンション），在寸土寸金的日本，贷款买房非常普遍。日本是地震多发国家，所以在房屋建筑上特别注重抗震技术的设计，舒适而耐震是日本房屋建筑最重要的一面。

十、教室用語

- ◆ 授業中（じゅぎょうちゅう）、話（はな）してはいけません。／上课时不准讲话。
- ◆ 授業中、飲食（いんしょく）をしてはいけません。／上课时不准吃东西。
- ◆ 授業中、小説（しょうせつ）を読（よ）んではいけません。／上课时不准看小说。
- ◆ 授業中、携帯電話（けいたいでんわ）をかけてはいけません。／上课时不准打电话。
- ◆ 授業は、遅刻（ちこく）してはいけません。／上课不准迟到。

第9课综合练习

一、请写出下列单词的读音或日语汉字。

1. 「牛肉」→ _____
2. 「狭い」→ _____
3. 「市場」→ _____
4. 「中心」→ _____
5. 「毎年」→ _____
6. 「食べ物」→ _____
7. 「珍しい」→ _____
8. 「避暑地」→ _____
9. 「しま」→ _____
10. 「しょくぶつ」→ _____
11. 「じかん」→ _____
12. 「ねったい」→ _____
13. 「けいざい」→ _____
14. 「ひこうき」→ _____
15. 「くるま」→ _____
16. 「じてんしゃ→」 _____

二、替换练习。

1. 例： 果物（リンゴ）→ <u>果物</u>の中で<u>何</u>が一番好きですか。

　　　　　　　　→ <u>リンゴ</u>が一番好きです。

　(1) 日本料理（刺身）　→

　(2) 会社（誰）　→

　(3) 魚（サバ）　→

　(4) 動物（犬）　→

　(5) 外国語（フランス語）　→

2．例：海南／東北／暑い→<u>海南</u>は<u>東北</u>より<u>暑い</u>です。

　(1) 中国／日本／広い　→

　(2) 冬の夜／夏の夜／長い→

(3) 図書館／教室／明るい→

(4) バイク／自転車／速い →

3．例：リンゴ／バナナ／美味しい（リンゴ）

→ リンゴとバナナとどちらがおいしいですか。

→ バナナよりリンゴのほうがおいしいです。

(1) 飛行機／列車／速い（飛行機）

→

(2) 映画／漫画／面白い（漫画）

→

(3) サッカー／野球／好き（野球）

→

(4) 日本語／英語／難しい（日本語）

→

4．例:豚肉／牛肉／高い → 豚肉は牛肉ほど高くありません。

(1) 日本語／数学／難しい　　　　　→

(2) 新宿駅／東京駅／大きい　　　　→

(3) この大学は男の子／女の子／多い　→

(4) ココナッツジュース／マンゴジュース／甘い →

5．例：寮／図書館／静か → 寮より図書館のほうが静かです。

(1) 私は日本語／英語／上手 →

(2) 自転車／バイク／速い　 →

(3) 李さん／張さん／真面目　→

(4) サッカー／野球／好き　　→

(5) パイナップル／バナナ／甘い→

三、语法练习。

1. 选择适当的假名或汉字填到下列括号里。

例：高速鉄道（ が ）速いです。

(1) 留学生の中（　）誰（　）一番真面目ですか。

(2) 焼き牡蠣（　）（　）生の（　）（　）が好きです。

(3) 中華料理（　）韓国料理（　）、（　）（　）（　）が好きですか。

(4) 魚の（　）でサバ（　）一番好きです。

(5) 日本は中国（　）（　）広くありません。

(6) 以前は牛肉の（　）（　）が好きでした（　）、最近、豚肉も好き（　）

なりました。

2. 选择下列形容词、形容动词的适当活用形式填写。

　　　　[上手　　美味しい　　親切　　安い　　綺麗　　嫌い]

(1) 会社の人は、＿＿＿＿＿＿面白いです。

(2) 日本の食べ物が＿＿＿＿＿＿。

(3) このテレビよりあのテレビのほうが ＿＿＿＿＿＿ 。

(4) 花の中でどんな花が一番＿＿＿＿＿＿。

(5) 私は一番＿＿＿＿＿＿学科は数学です。

(6) 日本語が＿＿＿＿＿＿になりました。

四、翻译练习。

1. 翻译下列日语句子。

(1) 海南島は中国の最南部の小さい島です。

_____

(2) 海南の冬は一番快適な季節です、だから観光客が多いです。

_____

(3) A:飛行機と電車とどちらが速いですか。
　　B:飛行機のほうが速いです。

_____

(4) ハルビンは中国黒竜江省の省都です。東北で経済、文化の中心の一つです。

_____

(5) ここは空気がきれいで、珍しい果物や熱帯の植物などがあります。

_____

2. 翻译下列汉语句子。

(1) 李老师和王老师哪位更严厉些？

(2) 海南空气好，热带水果也多，我很喜欢。

(3) 因为海南是个很受欢迎的好地方，所以游客很多。

(4) 蔬菜中哪种最便宜？

(5) 比起苹果，我还是喜欢吃香蕉。

3. 阅读短文，并回答问题。

私の大学のキャンパスは広くないですが、緑が多くてとても綺麗です。キャンパスの中で新しい体育館が一番人気があります。体育館の前は日本語学部の本館です。英語学部の本館ほど高くありませんが、教室は広くて明るいです。

私の故郷は海南より寒いです。海鮮の種類は海南ほど多くありません。ここの市場にはサバやカニや牡蠣などがあります。この中で、焼き牡蠣が美味しくて大好きです。値段も高くありません。寒いところより暖かいほうが好きです。

問題：

(1) 「私」の大学のキャンパスはどうですか。一番人気な建物はどれですか。
(2) 日本語学部の本館は英語学部の本館より高いですか。
(3) 「私」の故郷は海南より暑いですか。海鮮の種類は多いですか。
(4) 「私」の一番好きな海鮮はカニですか。値段は高いですか。
(5) 寒いところと暖かいところ、「私」はどちらのほうが好きですか。

【补充单词】

ずいぶん ①	（副）	非常，相当
どうぶつ ［動物］ ⓪	（名）	动物
バナナ ①	（名）	香蕉
れっしゃ ［列車］ ⓪	（名）	火车
サッカー ①	（名）	足球
やきゅう ［野球］ ⓪	（名）	棒球

しんじゅくえき［新宿駅］⑤	（专）	新宿车站
とうきょうえき［東京駅］⑤	（专）	东京车站
おとこのこ［男の子］③	（名）	男孩子
おんなのこ［女の子］③	（名）	女孩子
ぺきん［北京］①	（专）	北京(地名)
ちゅうかりょうり［中華料理］③	（名）	中国菜
でんしゃ［電車］⓪	（名）	电车
たいいくかん［体育館］④	（名）	体育馆

第10課　飲み物は何かありますか

一、ポイント

1. 〜ですから／主观原因

2. 〜か〜（不定称）

3. 名詞＋だけ（限定）／只有

4. 〜しか〜ありません（いません）／……只有……

5. 名詞＋だけで（は）なく、〜も〜／不仅……还……

二、例文

1. この本は人気作家の新作ですから、面白いでしょう。

   ／这是人气作家的新作品，很有趣吧？

2. A:飲み物は何かありますか。／有什么喝的吗？

   B:はい、あります。／有。

   A:何がありますか。／有什么？

   B:お茶とホットコーヒーがあります。／有烤饼和热咖啡。

   A:食べ物は何かありますか。

   B:はい。ホットケーキがあります。

3. 私は病気ですから、一人だけ寮にいます。／因为我感冒了，所以只有我一个人在宿舍。
   机の上にカメラと電子辞書だけあります。／桌子上只有相机和电子词典。

4. この病院は小さいですから、お医者さんは6人しかいません。

   ／这个医院很小，所以只有6个人。

5. 喫茶店にはコーヒーだけでなく、ホットケーキもあります。

   ／咖啡店里不仅有咖啡，还有烤饼。

三、会話

　　（歩きながら話／边走边聊）

　地方の人：あのう、すみません、この先にはコンビニがありますか。

現地の人：コンビニですか。あの黄色いビルの後ろにあります。左か右です。

地方の人：そうですか。あそこにはコンビニしかありませんか。

現地の人：いいえ、あそこにはコンビニだけでなく、デパート、郵便局、銀行、病院、本屋、駅など、何でもありますよ。

地方の人：そうですか。ああ、通りが広いですね。人も多くて、本当に賑やかなところですね。

現地の人：ええ、昔は人通りの少ない静かな町でした。人口もあまり多くありませんでした。何軒かの家だけでした。その時、乗り物はバスしかありませんでした。

地方の人：そうですか、ここ数年の変化が激しいですね。

現地の人：ええ、国の政策がいいですから、昔の生活より今のほうが幸せです。大切にしております①。

地方の人：そうですね。中国はだんだん強くなりましたね。

現地の人：はい、そうですね。以前、ここには小学校しかありませんでした。いまは、小学校だけでなく、中学校、高校もあります。

地方の人：そうですか。良かったですね。

四、短文

この辺りは昔人通りの少なくて、静かなところでしたが、今は大きな町になりました。とても賑やかです。

この辺りにはたくさんのビルがあります。赤いビルは百貨店で、青いビルは銀行で、白いビルは本屋です。喫茶店は赤いビルの一階にあります。あそこのお客さんはあまり多くないですが、静かで雰囲気がとてもいいです。黄色いビルの後ろにコンビニがあります。コンビニには食料品、雑誌、日用雑貨だけでなく、いろいろな商品も、美味しい弁当もあります。24時間営業です。とても便利ですから、人気があります。でも、今日は、冷たい飲み物にはアイスーテイーとアイスクリームしかありません。お茶とホットコーヒーなど暖かい飲み物はありません。弁当も三つだけです。

以前、ここには小学校しかありませんでした。いまは、小学校だけでなく、中学校、高校もあります。

五、新しい単語

のみもの［飲み物］②	（名）	酒水
さっか［作家］⓪①	（名）	作家
しんさく［新作］⓪	（名）	新作品
ホットコーヒー ⑤	（名）	热咖啡
おちゃ［お茶］⓪	（名）	茶
ホットケーキ ④	（名）	烤饼
だけ ⓪	（副助）	只有
カメラ ①	（名）	相机
でんしじしょ［電子辞書］④	（名）	电子词典
びょういん［病院］⓪	（名）	医院
おいしゃさん［お医者さん］⓪	（名）	医生
このさき［この先］⓪	（名）	这前边
きいろい［黄色い］③	（形）	黄色
コンビニ ⓪	（名）	便利店
みぎ［右］⓪	（名）	右
デパート ②	（名）	百货店
ゆうびんきょく［郵便局］③	（名）	邮局
ほんや［本屋］①	（名）	书店
えき［駅］①	（名）	车站
ああ	（感）	（惊讶）啊、唉
とおり［通り］①	（名）	街，道
ひとどおり［人通り］⓪	（名）	行人往来，来往行人
なんけん［何軒］①	（疑問）	几栋（建筑物）
のりもの［乗り物］②	（名）	交通工具
バス ①	（名）	公共汽车

いえ ［家］ ⓪	（名）	家
すうねん ［数年］ ⓪	（名）	数年
へんか ［変化］ ①	（名）	変化
はげしい ［激しい］ ③	（形）	剧烈，激烈
くに ［国］ ⓪	（名）	国家
せいさく ［政策］ ⓪	（名）	政策
しあわせ ［幸せ］ ⓪	（名）	幸福
たいせつ ［大切］ ⓪	（形动）	重要；宝贵
だんだん ⓪	（名・副）	渐渐，逐渐
つよい ［強い］ ②	（形）	强大
しょうがっこう ［小学校］ ③	（名）	小学
ちゅうがっこう ［中学校］ ③	（名）	中学
こうこう ［高校］ ⓪	（名）	高中
おおきな ［大きな］ ①	（連体）	大，巨大
ひゃっかてん ［百貨店］ ②⓪	（名）	百货商店
しろい ［白い］ ②	（形）	白色
あかい ［赤い］ ②	（形）	红色的
おきゃくさん ［お客さん］ ⓪	（名）	客人
ふんいき ［雰囲気］ ③	（名）	气氛
てんいん ［店員］ ⓪	（名）	店员
みせ ［店］ ⓪	（名）	店
しょくりょうひん ［食料品］ ③	（名）	食品材料
にちようざっか ［日用雑貨］ ⑤	（名）	日用杂货
いろいろ ⓪	（形动・副）	各种各样
しょうひん ［商品］ ①	（名）	商品
べんとう ［弁当］ ⓪	（名）	盒饭
えいぎょう ［営業］ ⓪	（名）	营业
つめたい ［冷たい］ ③	（形）	凉的，冷的

コーヒー ③	（名）	咖啡
アイスティー ④	（名）	冰茶
アイスクリーム ⑤	（名）	冰淇淋

六、語彙説明

1. 大切にしております。／非常珍惜。

「大切」的意思很多，有"重要、要紧、贵重、宝贵、珍重、珍惜"等的意思。文中根据前文，可理解为"珍惜今天的幸福生活"之意。

七、文法と文型

1. ～ですから／主观原因

「から」是接续助词，接在句尾后，表示主观上的原因、理由。
- 果物がおいしいですから、好きです。／因为水果好吃，所以喜欢。
- 冬は寒いですから、嫌いです／因为冬天冷，所以不喜欢。

2. ～か～（不定称）

「か」接在疑问词后面。表示不确定。回答时常用「はい、あります。」
- A:机の上に何かありますか。／桌子上有什么东西吗？

  B:はい、あります。／是的，有。

  A:何がありますか。／有什么？

  B:電子辞書があります。／有电子词典。
- A:事務室に誰かいますか。／办公室里有人吗？

  B:はい、います。／有人。

3. 名词+だけ（限定）

「だけ」接在名词后面表示限定。表示"这就是全部，不再有其他"的意思。「だけ」后面的助词"が"和"を"有时省略。

- 事務室に王さんだけいます。／办公室里只有小王在。
- この辺りに交通銀行だけあります。／这附近只有交通银行。
- 今年の夏休みは15日間だけです。／今年的暑假只有15天。

4. ～しか～ありません（いません）／……只有……

「しか」跟否定的「ありません（いません）」呼应，表示限定。意思是"除了所举出的例子外，其他都不是"的意思。跟「だけ」意思相近。「だけ」比较客观。「～しか～ありません（いません）」比较主观。

- 事務室に王さんしかいません。／办公室里只有小王一个人。
- 机の上に電子辞書しかありません。／桌子上只有电子词典。
- 静かなところはここしかありません。／安静的地方就只有这里。

5. 名詞+だけで(は)なく、～も～／……不仅……还

「だけ」表示限定。「だけで(は)なく」表示不仅有所指的这些，还有别的。

- スーパには野菜と果物だけではなく、日用雑貨もあります。

  ／超市里不仅有水果和蔬菜，还有日常用品。
- 喫茶店にはコーヒーだけでなく、ホットケーキもあります。

  ／咖啡馆里不仅有咖啡，还有烤饼。
- 部屋には冷蔵庫だけでなく、洗濯機もあります。

  ／房间里不仅有冰箱，还有洗衣机。

八、気軽に勉強しよう

好きな日本料理

味噌汁（みそしる）

天ぷら（てん）

お寿司（すし）

そば

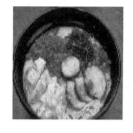
ラーメン

うどん

お握り（にぎ）

しゃぶしゃぶ

九、知识窗

生鱼片

生鱼片（刺身さしみ）是新鲜鱼块生吃的象征性食品。因为日本是四周被海包围的岛国，所以捕鱼容易，生鱼片的文化也很发达。也有用新鲜的鸟、牛、马肉做成生肉片吃的情况。原本各种鱼的鱼块不分鱼肉颜色红白被盛放在盘子里，为了容易区分把鱼鳍插在鱼块上，刺身这个词由此而来。后来插鱼鳍的习惯消失了，「刺身」这个称呼流传至今。在送生鱼片入口之前用萝卜配菜蘸酱油吃，可以消除口中其他料理的味道，使生鱼片的味道更为明显。

十、教室用語

- 授業(じゅぎょう)に集中(しゅうちゅう)してください。／请注意听讲。
- 携帯(けいたい)をマナーモードにしてください。／请将手机设置为静音模式。
- ゴミを持(も)ち帰(かえ)ってください。／请把垃圾从教室带走。
- ここで終(お)わります。／今天的课就到这里。
- では,また来週(らいしゅう)(次(つぎ))の授業(じゅぎょう)に会(あ)いましょう。／下周见。

第10課综合练习

一、请写出下列单词的读音或日语汉字。

1. 「作家」→ _____
2. 「商品」→ _____
3. 「人通り」→ _____
4. 「病院」→ _____
5. 「本屋」→ _____
6. 「変化」→ _____
7. 「幸せ」→ _____
8. 「政策」→ _____
9. 「ふんいき」→ _____
10. 「えいぎょう」→ _____
11. 「ひゃっかてん」→ _____
12. 「ゆうびんきょく」→ _____
13. 「のみもの」→ _____
14. 「つめたい」→ _____
15. 「えき」→ _____
16. 「きっさてん」→ _____

二、替换练习。

1. 例：会社／社員／三人→会社に社員が三人だけです。

   →会社に社員が三人しかいません。

   (1) 研究室／日本語の先生／二人 →

   (2) 庭／猫／2匹 →

   (3) ビーチ／観光客／5人 →

   (4) 喫茶店／お客さん／一人 →

2. 例：このマンション／駅に近い／便利
   →このマンションは駅に近いですから、便利です。

   (1) 今日の牡蠣／新鮮／美味しい →

(2) 美術館／人が少ない／静か　→
(3) あの作家／有名／人気がある　→
(4) この魚／珍しい／値段が高い　→
(5) この店／おいしい／お客さんが多い→

3. 例：彼の背／高い　→　彼の背はあまり高くありません。
　　　　この靴／丈夫だ　→　この靴はあまり丈夫ではありません。

(1) 体育館／立派だ　　　　→
(2) スーパーの牛肉／新鮮だ　→
(3) 英語のテスト／難しい　→
(4) 雰囲気／いい　　　　　→
(5) あそこの交通／便利だ　→

4. 例：喫茶店/お茶/コーヒー　→喫茶店にはコーヒーだけなく、お茶もあります。

(1) 部屋/テレビ/冷蔵庫　　　　　　　→
(2) 広場/老人/子供　　　　　　　　　→
(3) 大学/ロシア留学生/韓国人留学生　→
(4) 食堂/中華料理/日本料理　　　　　→

三、语法练习。

1. 选择适当的假名填到下列括号里。

(1) この近く（　）本屋（　）ありませんか。
(2) 飲み物はホットコーヒー（　）（　）あり（　）（　）（　）。
(3) 新年の休みは一週間（　）（　）です。
(4) この店は人気が高い（　）（　）（　）（　）、お客さんが多いです。

(1) A:飲み物は何（　　）ありますか。

　　B:はい、あります。

(2) この喫茶店にはお客さんが4人（　）（　）（　）（　）（　）（　）。

四、翻译练习。

1. 翻译下列日语句子。

(1) 国の政策がいいですから、昔の生活より今のほうが幸せです。大切にしております。

(2) A:ここには何か飲み物がありますか。

　　B:はい。冷たいコーヒーしかありません。

(3) 昔は人通りの少ない静かな町でした。人口もあまり多くありませんでした。何軒かの家だけでした。

(4) この辺りにはたくさんのビルがあります。赤いビルは百貨店で、青いビルは銀行で、白いビルは本屋です。喫茶店は赤いビルの一階にあります。あそこのお客さんはあまり多くないですが、静かで雰囲気がとてもいいです。

(5) コンビニには食料品、雑誌、日用雑貨だけでなく、いろいろな商品も、美味しい弁当もあります。24時間営業です。とても便利ですから、人気があります。

2. 翻译下列汉语句子。

(1) 这附近有银行、商店、邮局和咖啡店。

(2) 在邮局右边有个书店,那里有很多漫画书。

(3) 这里有什么喝的吗?

(4) 以前,这里来往行人少,所以很安静。

【补充单词】

かん［間］①	（接尾）	之间
にわ［庭］⓪	（名）	庭,庭院
ひき［匹］⓪	（量词）	（动物）只、条、匹
せ［背］⓪①	（名）	个子
くつ［靴］⓪	（名）	鞋
じょうぶ［丈夫］⓪	（形动）	结实

单 词 表

アイスティー ④	（名）	冰茶	10
アイスクリーム ⑤	（名）	冰淇淋	10
あおい［青い］②	（形）	青，苍	8
あかい［赤い］②	（形）	红色的	10
あかるい［明るい］③	（形）	明亮的，亮的*	6
あした［明日］⓪	（名）	明天*	2
あそこ ⓪	（代）	那里	3
あたたかい［暖かい］④	（形）	温和，暖和	6
あたらしい［新しい］④	（形）	新的	6
あたり［辺り］①	（名）	附近，周边	4
あつい［暑い］②	（形）	热，热的	6
あつさ［暑さ］①	（名）	热度、热量	8
あなた ②	（代）	你*	3
あに［兄］①	（名）	哥哥*	8
あの ⓪	（代）	那个	3
あのう ⓪	（感）	（说话前或说话时的停顿）嗯	3
あまい［甘い］②	（形）	甜的	8
あまり ⓪	（副）	（不）怎样，（不）太	8
あめ［雨］①	（名）	雨*	2
アメリカじん［アメリカ人］④	（专）	美国人*	2
アラビアご［アラビア語］⓪	（名）	阿拉伯语	9
アルバイト ③	（名）	打工	4
あれ ⓪	（代）	那个	3
いい ①	（形）	好，良，善	6
いいえ ③	（感）	不，不是	1

いえ［家］⓪	（名）	家	10
いくつ①	（疑问）	几个，几岁*	5
いくら①	（疑问）	多少钱	3
いけ［池］②	（名）	池塘	5
いこい［憩い］②	（名）	休息	5
いしゃ［医者］⓪	（名）	医生*	1
いす［椅子］⓪	（名）	椅子*	3
いぜん［以前］①	（名）	以前	4
いそがしい［忙しい］④	（形）	忙	6
いただきます⑤	（连）	我开动了，我开始吃了	7
イタリアじん［イタリア人］④	（专）	意大利人*	2
いちねんせい［一年生］④	（名）	一年级学生*	1
いちば［市場］①	（名）	市场	9
いちばん［一番］②⓪	（名・副）	最好；最	7
いつ①	（疑问）	什么时候*	4
いつか［5日］⓪	（名）	（日期）5号	4
いっかい［一階］⓪	（名）	一楼	3
いつも①	（副）	总是，经常	9
いぬ［犬］⓪	（名）	狗*	5
いま［今］①	（名）	现在	6
いや［嫌］⓪	（形动）	讨厌，嫌弃的，厌恶的	8
いらっしゃいませ	（连）	欢迎光临	7
いろいろ⓪	（形动）	各种各样	10
うえ［上］⓪	（名）	上方*	5
うけつけ［受付］⓪	（名）	传达室，接待室	3
うしろ［後ろ］⓪	（名）	后面	3

单词表

うつくしい［美しい］④	（形）	美，优美	6
うみ［海］①	（名）	海	8
うらやましい ⑤	（形）	羡慕	6
うんどうじょう［運動場］⓪	（名）	运动场；体育场	3
エアコン ⓪	（名）	空调	5
えいが［映画］①⓪	（名）	电影	4
えいぎょう［営業］⓪	（名）	营业	10
えいごがっか［英語学科］④	（名）	英语学科，英语专业*	2
ええ	（感）	嗯	5
えき［駅］①	（名）	车站	10
エレベーター ③	（名）	直升电梯	5
えん［円］①	（名）	（日本钱）日元	3
えんぴつ［鉛筆］⓪	（名）	铅笔*	3
おいしい［美味しい］③⓪	（形）	好吃；鲜美；清新	6
おいしゃさん［お医者さん］⓪	（名）	医生	10
おう［王］①	（专）	王（姓氏）	1
おうりゅう［王龍］⓪	（专）	王龙（人名）	6
おおい［多い］①	（形）	多的	6
おおきい［大きい］③	（形）	大的、大	9
おおきな［大きな］①	（形动）	大，巨大	10
おかあさん［お母さん］②	（名）	母亲，妈妈	6
おかね［お金］⓪	（名）	金钱*	5
おきゃくさん［お客さん］⓪	（名）	客人	10
おく［奥］①	（名）	里头，内部	5
おしょうがつ［お正月］⓪	（名）	正月	8
おたずねします［お尋ねします］⑥	（连语）	询问；请问	5
おちゃ［お茶］⓪	（名）	茶	10

おとうと ［弟］ ⓪	（名）	弟弟 *	7
おとこのこ ［男の子］ ③	（名）	男孩子 *	9
おととい ［一昨日］ ③	（名）	前天，前日 *	6
おなじ ［同じ］ ⓪	（形动）	相同	7
おねがいします ［お願いします］ ⑥	（连）	请……，拜托	7
おばあさん ②	（名）	姑母，姨母，伯母，婶母，舅母	7
おはようございます	（寒暄）	早上好	1
おめでとうございます	（寒暄）	恭喜，贺喜	4
おもしろい ［面白い］ ④	（形）	有趣	6
おんなのこ ［女の子］ ③	（名）	女孩子 *	9
かいがんせん ［海岸線］ ⓪	（名）	海岸线	6
かいぎ ［会議］ ①	（名）	会议 *	4
がいこくご ［外国語］ ⓪	（名）	外语	5
がいこくじん ［外国人］ ④	（名）	外国人	5
かいしゃ ［会社］ ⓪	（名）	公司 *	6
かいしゃいん ［会社員］ ④	（名）	公司职员 *	1
かいてき ［快適］ ⓪	（形动）	畅快舒适	8
かいなんがいこくごしょくぎょうがくいん ［海南外国語職業学院］ （专）		海南外国语职业学院	2
かいなんとう ［海南島］ ⓪	（专）	海南岛（地名）	6
かいわ ［会話］ ⓪	（名）	会话	9
かき ［牡蠣］ ⓪	（名）	牡蛎	9
がくせい ［学生］ ⓪	（名）	学生	2
がくぶ ［学部］ ①	（名）	学部，院，系	3
かさ ［傘］ ①	（名）	雨伞 *	3
かぜ ［風邪］ ⓪	（名）	感冒	6

单词表

がつ［月］②	（名）	月份	4
カツオ ⓪	（名）	鲣鱼	7
がっこう［学校］⓪	（名）	学校	2
かていしゅふ［家庭主婦］④	（组）	家庭主妇	9
カニ ⓪	（名）	螃蟹	7
かばん［鞄］⓪	（名）	包	3
カメラ ①	（名）	相机	10
かも［鴨］①	（名）	鸭子	7
かようび［火曜日］②	（名）	星期二	4
から	（副助）	从…	4
からい［辛い］②	（形）	辣的	6
かれ［彼］①	（代）	他*	1
かん［間］①	（接尾）	之间*	10
かんこうきゃく［観光客］③	（名）	观光客，游客	6
かんこうぎょう［観光業］③	（名）	观光行业	9
かんこうち［観光地］②	（名）	观光地*	7
かんこうめいしょ［観光名所］⑤	（名）	旅游胜地	8
かんこくじん［韓国人］⑤	（专）	韩国人*	1
かんたん［簡単］⓪	（形动）	简单	7
き［木］①	（名）	树，木	5
きいろい［黄色い］③	（形）	黄色	10
キウイ①	（名）	猕猴桃	8
きせつ［季節］①	（名）	季节	8
きっさてん［喫茶店］⓪②	（名）	咖啡馆，茶馆	10
きのう［昨日］②	（名）	昨天	4
きびしい［厳しい］③	（形）	严厉，严格	6
きぶん［気分］①	（名）	心情，情绪	8

203

きみ ［君］ ⓪	（代）	你*	3
きむら ［木村］ ⓪	（专）	木村（日本人的姓氏）*	1
きもち ［気持ち］ ⓪	（名）	心情，情绪*	8
キャラクター ①②	（名）	角色	7
キャンパス ①	（名）	校园	5
きゅうけいしつ ［休憩室］ ③	（名）	休息室	7
きゅうじつ ［休日］ ⓪	（名）	休息日*	4
ぎゅうにく ［牛肉］ ⓪	（名）	牛肉	9
きょう ［今日］ ①	（名）	今天	2
きょうしつ ［教室］ ⓪	（名）	教室	3
ぎょぎょう ［漁業］ ①	（名）	渔业	8
きょねん ［去年］ ①	（名）	去年	6
きらい ［嫌い］ ⓪	（形动）	讨厌	7
きれい ［綺麗］ ①	（形动）	漂亮；干净	8
きん、キム ［金］ ①	（专）	金（姓氏）	2
ぎんこう ［銀行］ ⓪	（名）	银行	3
きんようび ［金曜日］ ③	（名）	星期五	4
くうこう ［空港］ ⓪	（名）	机场	8
くさい ［臭い］ ②	（形）	臭的	8
くだもの ［果物］ ②	（名）	水果	6
くつ ［靴］ ⓪	（名）	鞋	10
くに ［国］ ⓪	（名）	国家	10
ぐらい ①	（副助）	大约	4
くん ［君］ ⓪	（接尾）	君	7
けいざい ［経済］ ①	（名）	经济	9
けっこう ［結構］ ①	（名・形动）	相当	9
げつようび ［月曜日］ ③	（名）	星期一	4

げん［元］①	（名）	（中国钱）元	3
げんき［元気］①	（名・形动）	元气，精神，活泼	6
けんきゅうしつ［研究室］③	（名）	研究室	5
げんち［現地］①	（名）	当地，现场	8
こ［子］◎	（名）	孩子	7
こうえん［公園］◎	（名）	公园	4
こうえんホール［講演ホール］⑤	（组）	演讲厅、报告厅	3
こうこう［高校］◎	（名）	高中*	2
こうそくてつどう［高速鉄道］⑤	（组）	高铁	8
こうそくどうろ［高速道路］⑤	（组）	高速路	8
こうつう［交通］◎	（名）	交通	8
こうはい［後輩］◎	（名）	后辈	2
コーヒー③	（名）	咖啡	10
こおりまつり［氷祭り］④	（组）	冰雪节	9
こくりゅうこうしょう［黒竜江省］⑤	（专）	黑龙江省（地名）	9
ごご［午後］①	（名）	午后，下午	4
ここ ◎	（代）	这里	3
ココナッツジュース⑤	（名）	椰汁	6
ごぜん［午前］①	（名）	上午	4
こちらこそ④	（寒暄）	彼此彼此	1
こちらへどうぞ	（连）	这边请	7
こども［子供］◎	（名）	小孩	5
この ◎	（代）	这个	3
このさき［この先］◎	（名）	这前边	10
これ ◎	（代）	这，这个	3
これから ◎	（名）	今后，将来	9
こんにちは ◎	（连语）	你好	2

205

コンビニ ⓪	（名）	便利店	10
コンピューター ③	（名）	电脑	5
さいきん［最近］⓪	（名）	最近	8
さいてん［祭典］⓪	（名）	庆祝活动，盛典，典礼	9
さいなんぶ［最南部］③	（名）	最南部	9
さいふ［財布］⓪	（名）	钱包*	5
さかな［魚］⓪	（名）	鱼*	5
さかなりょうり［魚料理］④	（名）	鱼肉料理	6
さかん［盛ん］⓪	（形动）	盛大，热烈，雄厚	8
サザエさん ①	（专）	海螺小姐	7
さしみ［刺身］③	（名）	生鱼片	7
さっか［作家］⓪①	（名）	作家	10
サッカー ①	（名）	足球*	9
ざっし［雑誌］⓪	（名）	杂志	3
さとう［佐藤］①	（专）	佐藤*（日本人的姓氏）	7
サバ ①	（名）	鲭鱼	9
さま［様］⓪	（结尾）	接在人名之后，表示尊敬	7
さむい［寒い］②	（形）	冷，冷的	6
さわやか［爽やか］②	（形动）	清爽*	7
さんあ［三亜］①	（专）	三亚（地名）	8
さんがい［三階］⓪	（名）	三楼	3
さんねんせい［三年生］④	（名）	三年级学生	2
じ［時］	（名）	点、时间	4
しあわせ［幸せ］⓪	（名）	幸福	10
じかん［時間］⓪	（名）	时间	9
しけん［試験］②	（名）	考试*	6
じしょ［辞書］①	（名）	字典*	3

单词表

しずか [静か] ①	（形）	安静	7
した [下] ⓪	（名）	下方*	5
じてんしゃ [自転車] ②	（名）	自行车	9
しま [島] ⓪	（名）	岛，岛屿	9
じむしつ [事務室] ②	（名）	办公室	3
じゃあ ①	（连）	那么	7
しゃちょう [社長] ⓪	（名）	总经理*	1
しゅうまつ [週末] ⓪	（名）	周末	4
じゅぎょう [授業] ①	（名）	授课，教	4
しゅじんこう [主人公] ②	（名）	主人公	7
しゅるい [種類] ①	（名）	种类	8
しゅん [旬] ⓪	（名）	时令，旺季	6
しょうかこう [松花江] ④	（专）	松花江	9
しょうがやき [生姜焼き] ⓪	（名）	（菜）烤生姜	7
じょうず [上手] ⓪	（形动）	擅长	7
しょうと [省都] ①	（名）	省会	9
しょうひん [商品] ①	（名）	商品	10
じょうぶ [丈夫] ⓪	（形动）	结实	10
しょくじ [食事] ⓪	（名）	吃饭，用餐	7
しょくどう [食堂] ⓪	（名）	食堂	3
しょくぶつ [植物] ⓪	（名）	植物	9
しょくりょうひん [食料品] ③	（名）	食品材料	10
しょにち [初日] ⓪	（名）	第一天	2
しろい [白い] ②	（形）	白色	10
しんがっき [新学期] ③	（名）	新学期	2
じんこう [人口] ⓪	（名）	人口	6
しんさく [新作] ⓪	（名）	新作品	10

しんじゅくえき [新宿駅] ⑤	（专）	新宿车站*	9
しんせつ [親切] ①	（形动）	热情	7
しんせん [新鮮] ⓪	（形动）	新鲜	8
しんにゅうせい [新入生] ③	（名）	新生	1
しんねん [新年] ①	（名）	新年*	4
しんぶん [新聞] ⓪	（名）	报纸	3
ずいぶん ①	（副）	非常，相当*	9
すいようび [水曜日] ③	（名）	星期三	4
すうがく [数学] ⓪	（名）	数学*	2
すうねん [数年] ⓪	（名）	数年	10
スーパー ③	（名）	超市	3
すき [好き] ②	（形动）	喜欢	7
すくない [少ない] ③	（形）	少的	8
すずき [鈴木] ⓪	（专）	铃木（日本人的姓氏）	1
すずしい [涼しい] ③	（形）	凉爽	8
すなわち ⓪	（接续）	即，也就是说	7
すばらしい [素晴らしい] ③	（形容）	非常好,绝佳	9
すみません ④	（连）	不好意思	3
せ [背] ⓪①	（名）	个子	10
せいかつ [生活] ⓪	（名）	生活*	6
せいさく [政策] ⓪	（名）	政策	10
せいだい [盛大] ⓪	（形动）	盛大，隆重	9
セット ①	（名）	一份	7
せまい [狭い] ②	（形）	狭小	9
せんこう [専攻] ⓪	（名）	专攻，专修	2
せんしゅう [先週] ⓪	（名）	上周	4
せんせい [先生] ③	（名）	老师	1

单词表

センター ①	（名）	中心	5
せんたくき［洗濯機］⑤	（名）	洗衣机	5
せんぱい［先輩］⓪	（名）	先辈，前辈	1
そうです ①	（连）	是，是的	1
そこ ⓪	（名）	那里	3
そして ⓪	（接续）	而且、又	9
そつぎょうせい［卒業生］③	（名）	毕业生	2
その ⓪	（代）	那个	3
そば［側］①	（名）	旁边	5
それ ⓪	（代）	那，那个	3
たい［鯛］①	（名）	鲷鱼	9
だい［台］②	（名）	台（打印机）	5
たいいくかん［体育館］④	（名）	体育馆*	9
だいがく［大学］⓪	（名）	大学	3
だいすき［大好き］①	（形动）	最喜好，很爱好	7
たいせつ［大切］⓪	（形动）	重要；宝贵	10
だいとうかいかいすいよくじょう［大東海海水浴場］	（专）	大东海海水浴场	8
たいへん［大変］⓪	（形动）	真够辛苦	4
たいようとう［太陽島］③	（专）	太阳岛	9
たかい［高い］②	（形）	贵的	7
だから ①	（接续）	因此，所以	9
たくさん［沢山］⓪③	（名・形动)	很多，许多	5
だけ ⓪	（副助）	只有	10
だて［建て］⓪	（接尾）	层	3
たてもの［建物］①	（名）	建筑物，房屋	3
たなか［田中］⓪	（专）	田中（日本人的姓）*	2

209

たのしい［楽しい］③	（形）	快乐，高兴，开心	6
たべもの［食べ物］②	（名）	食品，食物	9
だれ［誰］①	（代）	谁*	3
たんじょうび［誕生日］③	（名）	生日	4
だんだん⓪	（名・副）	渐渐，逐渐	10
ちいさい［小さい］③	（形）	小，占空间少	9
ちち［父］①⓪	（名）	父亲*	4
ちほう［地方］②①	（名）	首都之外的地域，地方	8
ちゃん	（接尾）	亲切地称呼人时的用语	6
ちゅうかりょうり［中華料理］③	（名）	中国菜*	9
ちゅうごくじん［中国人］⑤	（专）	中国人*	1
ちゅうしん［中心］⓪	（名）	中心	9
ちょう［張］①	（专）	张*（姓氏）	1
ちょう［趙］①	（专）	赵*（姓氏）	1
ちょっと①	（名）	一下，一点	5
ちん［陳］①	（专）	陈（姓氏）	1
つくえ［机］⓪	（名）	桌子，书桌	3
つとめさき［勤め先］⓪	（名）	工作地点，工作单位	8
つめたい［冷たい］③	（形）	凉的，冷的	10
つよい［強い］②	（形）	强大	10
ていしょく［定食］⓪	（名）	套餐	7
テスト①	（名）	考试*	7
では	（接续）	那么（话题转换）	5
デパート②	（名）	百货店	10
でも①	（接续）	但是	6
テレビ①	（名）	电视*	3
てんいん［店員］⓪	（名）	店员	10

单词表

てんがいかいかく［天涯海角］⑤	（专）	天涯海角	8
てんき［天気］①	（名）	天气*	6
でんしじしょ［電子辞典］④	（名）	电子词典	10
でんしゃ［電車］⓪	（名）	电车*	9
でんわ［電話］⓪	（名）	电话	6
ど［度］⓪	（名）	度数	6
どう①	（疑问）	怎么样	6
とうきょうえき［東京駅］⑤	（专）	东京车站*	9
どうぞよろしくおねがいします ［どうぞよろしくお願いします］	（寒暄）	请多关照	1
どうぶつ［動物］⓪	（名）	动物*	9
とうほく［東北］⓪	（名）	东北	6
どうりょう［同僚］⓪	（名）	同事	7
とおい［遠い］⓪	（形）	远的	9
とおり［通り］①	（名）	大街，马路	10
とき［時］②	（名）	时候	7
とくに［特に］①	（副）	特别，尤其	7
どこ①	（疑问）	哪里	3
ところ［所］⓪	（名）	地点	7
ところで③	（接续）	话题转换	9
としょかん［図書館］②	（名）	图书馆	3
どちら①	（疑问）	哪个	9
とても⓪	（副）	很，非常	3
となり［隣］⓪	（名）	邻居，隔壁，旁边，附近	3
ともだち［友達］⓪	（名）	朋友	4
どようび［土曜日］③	（名）	星期六	4
ドリアン①	（名）	（植物）榴莲	8

とりにく [鶏肉] ⓪	（名）	鸡肉	7
どれ ①	（疑问）	哪一个	3
どんな ①	（连体）	什么样的、怎样的、	8
なか [中] ①	（名）	里，中*	5
ながい [長い] ②	（形）	长的	9
なかじま [中島] ⓪	（专）	中岛（日本人姓氏）	7
なつ [夏] ②	（名）	夏天,夏季	6
なつやすみ [夏休み] ③	（名）	暑假*	4
なに [何] ①	（代）	什么	5
なま [生] ①	（名）	生，尚未煮、烧做熟	9
なん [何] ①	（疑问）	什么	3
なんがつなんにち [何月何日] ①	（组）	几月几日*	4
なんけん [何軒] ①	（疑问）	几栋（建筑物）	10
なんじ [何時] ①	（疑问）	几点	4
なんでしょうか	（连语）	什么事情	5
なんにち [何日] ①	（疑问）	几号	4
なんにん [何人] ③	（疑问）	几个人*	5
なんめい [何名] ①	（疑问）	几位	7
なんようび [何曜日] ④	（疑问）	星期几*	4
にがて [苦手] ⓪	（形动）	不擅长，不喜欢吃	7
にぎやか [賑やか] ②	（形动）	热闹	7
にくりょうり [肉料理] ③	（名）	肉菜，荤菜	7
にじかん [二時間] ②	（名）	两个小时	4
にちようざっか [日用雑貨] ⑤	（名）	日用杂货	10
にちようび [日曜日] ③	（名）	星期日	4
について ②	（连）	关于	9
にねんせい [二年生] ②	（名）	二年级学生	1

にほんご［日本語］⓪	（名）	日语	2
にほんごがっか［日本語学科］⑤	（名）	日语学科	2
にほんじん［日本人］④	（名）	日本人*	1
にほんりょうり［日本料理］④	（名）	日本料理*	6
にわ［庭］⓪	（名）	庭，庭院*	10
にんき［人気］⓪	（名）	人气，众望	7
ねこ［猫］①	（名）	猫*	5
ねだん［値段］⓪	（名）	价格	7
ねったい［熱帯］⓪	（名）	热带	9
のみもの［飲み物］②	（名）	酒水	10
のりもの［乗り物］②	（名）	交通工具	10
パーティー［party］①	（名）	聚会*	7
はい①	（感）	哎，是（应答）；是的	1
バイク［bike］①	（名）	摩托	9
パイナップル③	（名）	菠萝	8
はげしい［激しい］③	（形）	剧烈，激烈	10
はじめまして［初めまして］④	（连）	初次见面	1
ばしょ［場所］⓪	（名）	地方，位置	5
バス［bus］①	（名）	公共汽车	10
はな［花］②	（名）	花	5
はなしています［話しています］②	（连）	说，讲	9
バナナ①	（名）	香蕉*	9
パパイヤ②	（名）	木瓜	8
はやい［速い］②	（形）	快	9
はる［春］①	（名）	春天*	8
ハルビン①	（专）	哈尔滨（地名）	9
はれ［晴れ］⓪	（名）	晴天	2

はん [半] ①	（接尾）	（时间）~半	4
ビーチ ①	（名）	海边	8
ひこうき [飛行機] ②	（名）	飞机	9
びじゅつかん [美術館] ③	（名）	美术馆*	4
ひしょち [避暑地] ②	（名）	避暑地	9
ひだり [左] ⓪	（名）	左侧	5
ひつじ [羊] ⓪	（名）	羊	7
ひと [人] ⓪	（名）	人	6
ひとつ [一つ] ②	（名）	一个	9
ひとどおり [人通り] ⓪	（名）	行人往来，来往行人	10
ひゃっかてん [百貨店] ②⓪	（名）	百货商店	10
びょういん [病院] ⓪	（名）	医院	10
ビル ①	（名）	大楼，大厦	5
ひるやすみ [昼休み] ③	（名）	午休	4
ひろい [広い] ②	（形）	辽阔，面积大	8
ひろば [広場] ①	（名）	广场	5
ふ [符] ⓪	（专）	符（姓氏）	8
ぶたにく [豚肉] ⓪	（名）	猪肉	9
ふたり [二人] ⓪	（名）	两个人	5
ぶっか [物価] ⓪	（名）	物价	8
ふべん [不便] ①	（形动）	不方便	8
ふゆ [冬] ②	（名）	冬天，冬季	6
ふゆやすみ [冬休み] ③	（组）	寒假*	4
プラス①⓪	（名）	零上；加号	6
フランスご [フランス語] ⓪	（名）	法语*	7
プリンター ⓪	（名）	打印机	5
ふるさと [故郷] ②	（名）	故乡	6

プレゼント ②	（名）	礼物	4
ふんいき［雰囲気］③	（名）	气氛	10
ぶんか［文化］①	（名）	文化	9
へいき［平気］⓪	（形動）	冷静，不在乎	7
へえ	（感）	表示惊讶等	6
ぺきん［北京］①	（专）	北京＊（地名）	9
へた［下手］⓪	（形動）	不擅长	7
へや［部屋］⓪	（名）	屋子＊	5
へんか［変化］①	（名）	变化	10
べんとう［弁当］⓪	（名）	盒饭	10
べんり［便利］①	（形動）	方便	3
ぼく［僕］①	（代）	我＊（男性用）	3
ほけんしつ［保健室］②	（名）	医务室	3
ホットケーキ ④	（名）	烤饼	10
ホットコーヒー ⑤	（名）	热咖啡	10
ホテル ①	（名）	宾馆，饭店	8
ほとり［畔］⓪	（名）	岸边，畔；	9
ほら ①	（感）	引起人注意的用语	9
ほん［本］①	（名）	书	3
ほんかん［本館］①	（名）	主楼，正楼	5
ほんだな［本棚］①	（名）	书架	5
ほんとうに［本当に］⓪	（副）	真的是	8
ほんや［本屋］①	（名）	书店	10
まあまあ ①	（副）	勉强、马马虎虎	7
まいとし［毎年］⓪	（名）	每年	9
マイナス ⓪	（名）	零下；减号	6
まいにち［毎日］①	（名）	每天	6

まえ［前］①	（名）	前面	3
まじめ［真面目］⓪	（形动）	认真	7
ますます②	（副）	益发，越发	9
また⓪	（副）	又、再、还	8
まだ①	（副）	还	6
まだまだ①	（副）	还，仍，尚	6
まち［町］①	（名）	城镇	7
まで①	（格助）	到（表示动作，作用所及的范围）	4
まんが［漫画］⓪	（名）	漫画	3
マンゴジュース④	（名）	芒果汁	8
みぎ［右］⓪	（名）	右	10
みせ［店］⓪	（名）	店	10
みどり［緑］①	（名）	绿色	5
むかし［昔］⓪	（名）	往昔，很久以前	8
むしあつい［蒸し暑い］④	（形）	闷热的	8
むしあつさ［蒸し暑さ］③	（名）	闷热	8
むずかしい［難しい］④	（形）	难的*	8
むっつ［6つ］⓪	（名）	6个	5
めずらしい［珍しい］④	（形）	少有的，稀奇的，罕见的	9
もくようび［木曜日］③	（名）	星期四	4
もしもし①	（感）	喂……	6
もの⓪	（名）	物体，东西*	7
やきがき［焼き牡蠣］⓪	（组）	烤牡蛎	9
やきざかな［焼き魚］③	（组）	烤鱼	7
やきゅう［野球］⓪	（名）	棒球*	9
やさいジュース［野菜ジュース］④	（组）	蔬菜汁，青菜*	6

单词表

やさしい［優しい］③	（形）	和善，温柔	6
やしのき［椰子の木］⓪	（名）	椰子树	5
やすい［安い］②	（形）	便宜的	8
やすみ［休み］③	（名）	休息日	4
やはり②	（副）	仍然；果然	8
やまだ［山田］⓪	（专）	山田（日本人的姓氏）	1
ゆうびんきょく［郵便局］③	（名）	邮局	10
ゆうめい［有名］⓪	（名・形动）	有名	7
ゆたか［豊か］①	（形动）	丰富、富裕、充裕*	8
よい［良い］①	（形）	好的	8
ようこそ①	（寒暄）	欢迎	1
よっか［四日］⓪	（名）	（日期）4号	4
よっつ［4つ］⓪	（名）	4个	5
よる［夜］①	（名）	夜晚	4
よんだいりょうり［四大料理］⑤	（组）	四大料理	7
らいしゅう［来週］⓪	（名）	下周*	4
り［李］①	（专）	李*（姓氏）	1
りそうてき［理想的］⓪	（形动）	理想的	9
リゾート②	（名）	疗养地，游览地	8
リゾートマンション⑤	（名）	度假公寓	8
りっぱ［立派］⓪	（形动）	漂亮，美好	8
りゅうがくせい［留学生］④	（名）	留学生	1
りょう［寮］①	（名）	宿舍	3
りょうほう［両方］⓪	（名）	双方	9
りょうり［料理］①	（名）	料理，菜	6
りょこう［旅行］⓪	（名）	旅行*	6
リンゴ⓪	（名）	苹果*	5

ルームメート ④	（名）	室友	8
れいぞうこ［冷蔵庫］③	（名）	冰箱	5
れっしゃ［列車］⓪	（名）	火车*	9
ろうじん［老人］⓪	（名）	老人	5
ロシアご［ロシア語］⓪	（名）	俄语	5
ロシアじん［ロシア人］⓪	（专）	俄罗斯人	5
ろっかい［六階］⓪	（名）	六楼	3
わかりました ④	（连词）	明白了	3
わたし［私］⓪	（代）	我	1
わたしたち［私達］③	（代）	我们	3

综合练习（一）

一、言語知識（文字・語彙）

もんだい1.＿＿＿＿＿のことばはどうよみますか。1・2・3・4からいちばんいいものを一つえらんでください。

1 新しいカメラですね。
　　1 あらたしい　　　2 あらだしい　　　3 あたらしい　　　4 あだらしい

2 私は留学生です。
　　1 りゅうかくせい　　　2 りゅうがくせい
　　3 りゅうがくせ　　　　4 りうがくせい

3 おわかれの挨拶をおねがいします。
　　1 しつれい　　　2 あいさつ　　　3 じゃま　　　4 きせつ

4 車より新幹線のほうが早いです。
　　1 ずごい　　　2 おそい　　　3 はやい　　　4 しろい

5 以前、この辺りは公園でしたか。
　　1 あがり　　　2 かたり　　　3 あたり　　　4 なたり

6 すみません、ちょっとお尋ねしますが。
　　1 おかね　　　2 おたね　　　3 おたずね　　　4 おずね

7 バイクは自転車より早いです。
　　1 じでんしゃ　　　2 してんしゃ　　　3 じてんしゃ　　　4 じてんちゃ

8 図書館は銀行の後ろにあります。
　　1 としゅかん　　　2 どしゅかん　　　3 どしょかん　　　4 としょかん

9 薄いおさらがほしいです。
　　1 うすい　　　2 あかい　　　3 あつい　　　4 さむい

10 北京の物価は高くありません。
　　1 ぶか　　　2 ぶっか　　　3 むか　　　4 ぶかく

11 卒業式に参加します。
　　1 ぞつぎょう　　　2 そつきょう　　　3 そつぎょう　　　4 ぞつきょう

12 海南島には、珍しい植物がたくさんあります。
　　1　めしらじい　　2　めずらしい　　3　かなしい　　4　うれしい

もんだい2.　_____のことばはどうかきますか。1・2・3・4からいちばんいいものを　一つえらんでください。

13　にわには黒い猫と蛙がいます。
　　1　内　　　　2　家　　　　3　外　　　　4　庭

14　あのほてるはゆうめいです。
　　1　ハテル　　2　タヘル　　3　ヤテル　　4　ホテル

15　くるまがほしいです。
　　1　車　　　　2　本　　　　3　猫　　　　4　熊

16　へやにてれびがあります。
　　1　テレビ　　2　サリビ　　3　テキボ　　4　サキボ

17　せんぱいにあいました。
　　1　後輩　　2　先輩　　3　緑茶　　4　紅茶

18　でんわで連絡します。
　　1　電車　　2　電子　　3　電話　　4　電波

19　こんどいっしょにいきましょう。
　　1　一生　　2　一緒　　3　一台　　4　一本

20　きょうはほんとうにあついですね。
　　1　太い　　2　熱い　　3　辛い　　4　暑い

もんだい3（　　）に　なにをいれますか。1・2・3・4から　いちばん　いいものを　一つ　えらんで　ください。

21　ここは（　　　）です。仕事ができません。
　　1　あかるい　　　　　2　うつくしい
　　3　しずか　　　　　　4　うるさい

綜合練習（一）

22 日本は中国ほど（　　　）ありません。
　1　せまく　　　2　ひろく　　　3　きれい　　　4　あかるく

23 一番人気な（　　　）はどれですか。
　1　ひと　　　　　　　　2　がくせい
　3　せんせい　　　　　　4　き

24 李さんと王さんは海南島について（　　　）。
　1　たべます　　　　　　2　いきます
　3　わかります　　　　　4　はなしています

25 このスープはちょっと（　　　）ですね。
　1　さむい　　　　　　　2　あおい
　3　からい　　　　　　　4　わかい

二、言語知識（文法）

もんだい1．（　　　）に　何を入れますか。1・2・3・4から　いちばん　いいものを　一つ　えらんで　ください。

1 鈴木：「銀行はこの近くにありますか。」
　小林：「ええ。ほら、（　　　）にあります。」
　　1　あの　　　2　あれ　　　3　あのひと　　4　あそこ

2 日本語研究室は本館の3階（　　　）あります。
　　1　で　　　　2　が　　　　3　に　　　　　4　を

3 去年の夏は（　　　）です。
　　1　寒かった　2　暑い　　　3　暑かった　　4　忙しい

4 新宿（　　　）渋谷まで150円です。
　　1　から　　　2　にも　　　3　で　　　　　4　へ

5 A：昨日の天気はどうでしたか。
　B：とても（　　　）です。」
　　1　わるい　　2　よかった　3　はれ　　　　4　あめ

6 A：「体のぐあいはいかがですか。」

B：「ありがとう。おかげさまで（　　）なりました。」
1　いいに　　　2　よくに　　　3　よく　　　4　いい

7　A：部屋に誰（　　）いますか。
B：はい。李さん（　　）います。
1　が　が　　　2　か　が　　　3　が　か　　　4　で　が

8　朝会ったときに「おはようございます」（　　）言います。
1　が　　　　2　に　　　　3　の　　　　4　と

综合练习（二）

一、言語知識（文字・語彙）

もんだい1. ＿＿＿＿＿のことばはどうよみますか。1・2・3・4からいちばんいいものを一つえらんでください。

① 先週デパートへかいものに行きました。
　1　せんしゅ　　　　2　せんしゅう
　3　ぜんしゅ　　　　4　ぜんしゅう

② ごはんの後で散歩します。
　1　つぎ　　　　2　うしろ　　　　3　まえ　　　　4　あと

③ もういちど言ってください。
　1　いって　　　2　きって　　　3　まって　　　4　たって

④ 近くに山があります。
　1　かわ　　　　2　やま　　　　3　いけ　　　　4　うみ

⑤ このホテルはへやが多いです。
　1　すくない　　2　おおい　　3　せまい　　4　ひろい

⑥ ともだちといっしょに学校に行きます。
　1　がこう　　　2　がこお　　3　がっこう　　4　がっこお

⑦ えんぴつが六本あります。
　1　ろくぼん　　2　ろくぽん　　3　ろっぼん　　4　ろっぽん

⑧ この新聞はいくらですか。
　1　しんむん　　2　しんぶん　　3　しむん　　4　しぶん

⑨ このカメラは安いです。
　1　たかい　　　2　やすい　　　3　おもい　　　4　かるい

⑩ かさは外にあります。
　1　いえ　　　　2　なか　　　　3　そと　　　　4　にわ

もんだい2. ＿＿＿＿のことばはどうかきますか。1・2・3・4からいちばんいいものを 一つえらんでください。

11 作文が上手な山田さんはさっかになりましたよ。
　1 先生　　　2 作家　　　3 作者　　　4 医者

12 郵便局は病院のとなりにあります。
　1 隣　　　　2 右
　3 左　　　　4 前

13 三亜のぶっかは海口より高いですよ。
　1 牡蠣　　　2 物価　　　3 値段　　　4 物貨

14 このぼうしは1000えんです。
　1 1000内　　2 1000用　　3 1000冊　　4 1000円

15 机の上にざっししかありません。
　1 冊子　　　2 財布　　　3 雑誌　　　4 辞書

もんだい3.（　）になにをいれますか。1・2・3・4からいちばんいいものを一つえらんで ください。

16 わたしの部屋はこの（　）の2階です。
　1 エレベーター　　2 プール
　3 エアコン　　　　4 アパート

17 本棚に本が（　）しかありません。
　1 よんさつ　　2 よっつ　　3 よにん　　4 よんほん

18 大学の（　）は3人がいました。
　1 デパート　　2 ルームメート　　3 サッカー　　4 キャラクター

19 はこにりんごが（　）あります。
　1 よっつ　　2 いち　　3 よん　　4 ご

20 コーヒーがいいですか、（　）がいいですか。
　1 ジュース　　2 ジース　　3 ジョース　　4 ジューシ

综合练习（二）

二、言語知識（文法）

もんだい1.（　）に何を入れますか。1・2・3・4からいちばんいいものを一つえらんで ください。

1　日本（　）ラーメンはおいしいです。
　　1　に　　　　　2　の　　　　　3　を　　　　　4　へ

2　わたしにはきょうだいが二人います。弟（　）妹です。
　　1　は　　　　　2　も　　　　　3　と　　　　　4　か

3　A：「あそこに何（　）あります。」
　　B：「はい、あります。」
　　A：なに（　）ありますか。
　　B：食べ物と飲み物です。

　　1　か　か　　　2　が　か　　　3　か　が　　　4　か　の

4　あれはきれい（　）花ですね。
　　1　に　　　　　2　な　　　　　3　で　　　　　4　が

5　兄は姉（　）5才年上です。
　　1　ほど　　　　2　へ　　　　　3　が　　　　　4　より

6　どの方（　）山田先生ですか。
　　1　に　　　　　2　が　　　　　3　か　　　　　4　は

7　田中「このぼうしは山田さん（　）ですか。」
　　山田「はい。」
　　1　や　　　　　2　は　　　　　3　の　　　　　4　か

8　駅までタクシーで1000円（　）です。
　　1　ぐらい　　　2　など　　　　3　ごろ　　　　4　も

9　A：「さようなら。」
　　B：「さようなら。また（　）。」
　　1　おととい　　2　今日　　　　3　明日　　　　4　今月

10　わたしの母は父（　）若くないです。

    1　ほど　　　　　2　など　　　　　3　より　　　　　4　だけ

11　教室に学生が一人（　　）いません。

    1　が　　　　　　2　は　　　　　　3　のみ　　　　　4　しか

12　スーパーには果物や食べ物（　　）があります。

    1　より　　　　　2　は　　　　　　3　など　　　　　4　ほど

本书语法索引

第1課　私は新入生です……………………………………………………………… 57

　　1. ～は～です／……是……（判断句　肯定）

　　2. ～は～ではありません／……不是……（判断句　否定）

　　3. ～は～ですか／……是……吗？（判断句　疑问）

　　4. ～も～です（提示助词も）／……也是……

第2課　私は日本語学科の学生です……………………………………………… 71

　　1. ～ですか、～ですか／……是……，还是……(终助词か)

　　2. ～は（名词）の（名词）～です／……是……的……（格助词の）

　　3. ～は～で、～です／……是……又是……（名词的中顿）

　　4. ～は～でしょう／……是……吧（判断句　推量式）

第3課　これは私の本です………………………………………………………… 81

　　1. これ（それ・あれ）は～ですか／这是（那是）……吗？

　　　　～はどれですか／……是哪个

　　2. ここ（そこ・あそこ）は～です／这里（那里）是……

　　　　～はどこですか／……在哪里

　　3. この（その・あの）体言は～です／这个（那个）……是……

　　4. ～のです／……是……的（东西）

第4課　昨日は私の誕生日でした………………………………………………… 99

　　1. ～は～でした　／……是……（判断句　过去时）

　　2. ～は～ではありませんでした(过去否定)

　　3. ～は～からです／……从……（から表示起点）

　　4. ～は～までです／……到……（まで表示终点）

　　5. ～は～から～までです／……从……到……（表示时间、空间、顺序的起点与终点）

第5課　キャンパスに花と木があります……………………………………………… 113

 1. ～に～があります／在……有……（表示无生命）

  ～に（は）～はありません／在……没有……

 2. ～に～がいます／在……有……（表示有生命）

  ～に（は）～はいません／在……没有……

 3. ～は～にあります（ありません）……在（不在）……

  ～は～にいます（いません）……在（不在）……

 4. ～や～や～などがあります（います）／有……等

第6課　今日は暑いです…………………………………………………………… 131

 1. ～は形容词＋です（肯定）

 2. 形容词く形＋ありません（くないです）（否定）

 3. 形容词去掉い＋かったです（过去时）

 4. 形容词く形＋ありませんでした（くなかったです）（过去否定）

 5. 形容词基本型＋名词（做定语）

 6. 接续助词が（顺接，逆接）

第7課　何が好きですか…………………………………………………………… 145

 1. ～は形容动词＋です（肯定）

 2. ～は～が好きです（上手です・わかります・欲しいです）／喜欢

  （擅长・明白・想要）……

 3. 形容动词词干＋ではありません（ではないです）（否定）

 4. 形容动词词干＋でした（过去肯定）

 5. 形容动词词干＋ではありませんでした（ではなかったです）（过去否定）

 6. 形容动词な＋名词（做定语）

本书语法索引

第 8 課　有名な観光地になりました……………………………………… 161

1. ～名詞、形容動詞詞幹になります（になりました）／……成为……；变为……（变化的结果，状态）

2. ～形容詞詞幹くなりました／……变成……；变为……（变化的结果，状态）

3. ～は～で、～です／（形容动词的中顿）

4. ～は～形容詞く形+て、～です／（形容词的中顿）（也表示轻微的原因或理由）

5. あまり+形容詞く形ありません（ないです）

   あまり+形容動詞ではありません（ではないです）／不（怎样、很）

第 9 課　どちらが好きですか……………………………………………… 173

1. 体言と体言と、どちらが～／……和……哪一个……

2. ～は～より～です／……比……要……

3. ～は～ほど～ないです／没有比……更……的；……不像……；……不如……

4. ～より、～のほうが～／比起……还是……

5. ～の中で、～が一番～です／在……最……

第 10 課　飲み物は何かありますか…………………………………………… 187

1. ～ですから／主观原因

2. ～か～（不定称）

3. 名詞+だけ（限定）／只有

4. ～しか～ありません（いません）／……只有……

5. 名詞+だけで（は）なく、～も～／不仅…… 还……